FALTPLAN

»Schreiben Sie uns!

Wir hoffen, dass Ihnen dieser Reiseführer gefällt und er Ihnen ein guter Begleiter auf einer außergewöhnlichen und spannenden Reise ist.

Weil ein Reiseführer von Erfahrungen lebt, sind wir an Ihren Erlebnissen interessiert: Haben Sie im Buch ein Restaurant entdeckt, das es nicht mehr gibt, eine Sehenswürdigkeit, die wir noch nicht aufgeführt haben, oder eine falsche Adresse? Dann schreiben Sie uns!

Wir nehmen jeden Hinweis und jede Kritik ernst und arbeiten kontinuierlich daran, die Bücher aktuell zu halten und immer weiter zu verbessern. Auch wenn wir nicht jeden Wunsch erfüllen können, machen wir uns immer Gedanken über Ihre Anmerkungen.

Schreiben Sie an: info@reise-know-how.de oder Reise Know-How Verlag Peter Rump GmbH, Postfach 140666, 33626 Bielefeld

Wenn sich Ihre Infos direkt auf das Buch beziehen, bitten wir um die Angabe der Seitenzahl und der Auflagennummer bzw. des Erscheinungsjahres. Besonders hilfreiche Beiträge belohnen wir mit einem Sprachführer Ihrer Wahl aus unserer „Kauderwelsch"-Reihe.

Herzlichen Dank und gute Reisen
Ihr Reise Know-How Verlag

Diesem Buch wurde hier ein herausnehmbarer Faltplan beigefügt.
Sollte er beim Erwerb des Buches nicht mehr vorhanden sein, fragen Sie bitte bei Ihrem Buchhändler nach.

Liebe Leserin, lieber Leser,

ein unabhängiger Verlag für unabhängig Reisende – das sind wir, der Reise Know-How Verlag aus Bielefeld, eines der letzten Familienunternehmen in der Branche. Obwohl wir zu den größten Reiseführerverlagen Deutschlands gehören, ist der familiäre Umgang miteinander in allen Bereichen des Verlagslebens zu spüren: In der Geschäftsführung in zweiter Generation, in einer wertschätzenden Arbeitsatmosphäre, in der Nähe zu unseren frei arbeitenden Autorinnen und Autoren, im engen Austausch mit unseren Leserinnen und Lesern – und auch in der Zusammenarbeit mit Druckereien in Deutschland, in denen wir ausschließlich und regional unsere Bücher produzieren. Die sollen schließlich erst mit Ihnen auf große Reise gehen.

Alles, was wir in unsere Bücher und Landkarten stecken, soll Ihnen eines ermöglichen: Auf Ihre ganz eigene, individuelle Weise die Welt zu entdecken. Wir wünschen Ihnen viel Freude und unvergessliche Erlebnisse mit diesem Reiseführer.

Es grüßen herzlich
Peter Rump & Wayan Rump

Die schönste „Baustelle" der Welt

Rom, die Ewige Stadt, quillt über vor Historie und ist dennoch lebendig und ständig in Bewegung – Sinnbild hierfür ist der seit Jahren anhaltende Ausbau der Metro, der immer wieder Archäologen auf den Plan ruft, weil man in jedem Kubikmeter Erde auf wertvolle Überreste vergangener Epochen stößt. Unter dem meist wolkenlosen Himmel Roms finden sich die wohl schönsten erhaltenen Bauwerke der Antike und das päpstliche Rom verewigte sich mit Renaissance- und Barockkirchen wie dem Petersdom 37 und Plätzen wie der Piazza Navona 19 im Stadtbild. Prachtstraßen wie die Via Cavour [H8–J7] und Stadtviertel wie Prati und Testaccio sind Zeugen des „jüngeren" Rom.

Mit der stolzen Vergangenheit als Zentrum des römischen Weltreichs, Kapitale der katholischen Christen und Sitz der Päpste hat für die Römer der heutige Status als Hauptstadt Italiens eher geringes Identifikationspotenzial. Es ist etwas Urrömisches, das die Mentalität der Bewohner bis heute ausmacht. Zuerst sieht man sich als Römer, dann erst als Italiener. Die Familienbande zählen viel, im Guten wie im Schlechten. Vielleicht deswegen hat Rom die Herausforderungen der letzten Jahre gut überstanden, in schwierigen Zeiten rückt man zusammen. Nicht selten weisen die krisenerprobten Römer gelassen darauf hin, dass Rom in seiner 3000-jährigen Geschichte Schlimmeres erlebt habe.

Mitten in der Coronapandemie konnte sogar endlich das renovierte Mausoleum des Augustus 17 der Öffentlichkeit zugänglich gemacht werden. Das historische Zentrum ist autofrei geworden und Kolosseum 4, Fontana di Trevi 25 sowie die Spanische Treppe 27 sind renoviert. Die Stadt macht sich bereit für die Zukunft und erprobt Konzepte für einen neuen Qualitätstourismus.

2025 steht ein Heiliges Jahr an (s. S. 116), zu dem 25 Mio. Besucher erwartet werden. Dem typisch römischen Chaos im Nahverkehr, der Korruption in der Stadtverwaltung und den nicht entsorgten Müllbergen zum Trotz bin ich mir sicher: Die Römer werden auch das meistern.

Der Autor

Vor über 30 Jahren verschlug es den gebürtigen Frankfurter **Frank Schwarz** zum ersten Mal nach Rom. Hier nahm seine Begeisterung für Italien ihren Anfang. Der gelernte Kameramann hat als Autor an zahlreichen Sendungen über Regionen Italiens für den Hessischen Rundfunk mitgewirkt, darunter natürlich auch über die Hauptstadt. Bis heute ist er immer auf der Suche nach Orten, an denen man den Römern nahe kommt, z. B. in authentischen Trattorien oder am Strand von Ostia, wohin sich nur selten Touristen verirren.

727ro Abb.: fs

Rom auf einen Blick

Inhalt

Cleveres Nummernsystem

Die Sehenswürdigkeiten sind im Text und im Kartenmaterial mit derselben **magentafarbenen ovalen Nummer** ❶ markiert. Alle anderen Lokalitäten wie Geschäfte, Restaurants usw. tragen ein **Symbol und eine fortlaufende rote Nummer** (**1**). Die Liste aller Orte und die Zeichenerklärung befinden sich im Anhang.

Der Schmetterling ...

... zeigt an, wo man Angebote im Bereich des nachhaltigen Tourismus findet.

Bewertung der Sehenswürdigkeiten

★★★ nicht verpassen
★★ besonders sehenswert
★ wichtig für speziell interessierte Besucher

Planquadrat im Kartenmaterial

[A1] Orte ohne diese Angabe liegen außerhalb unserer Karten. Ihre Lage kann aber wie die aller Ortsmarken mithilfe der begleitenden Web-App angezeigt werden (s. Anhang).

Vorwahlen

- **Italien:** 0039
- **Rom:** 06. Die Ziffer „0" muss immer mitgewählt werden.

Updates zum Buch

- www.reise-know-how.de/citytrip/rom23

▷ Der Vierströmebrunnen auf der Piazza Navona 19, hier die allegorische Darstellung des Ganges als Flussgott (300ro Abb.: nw)

NICHT VERPASSEN!

3 Palatin [H9]
Auf dem Palatinhügel gründeten der Legende nach Romulus und Remus die Stadt Rom. Noch heute sind hier die Überreste der fast 3000 Jahre alten ersten römischen Häuser zu sehen (s. S. 29).

4 Kolosseum [I9]
Das fast 2000 Jahre alte Amphitheater bot 50.000 Schaulustigen Platz. In der 48 m langen und 46 m breiten Arena fanden die Gladiatorenkämpfe statt (s. S. 31).

18 Pantheon [F7]
Der 2000 Jahre alte römische Tempel ist das besterhaltene Bauwerk aus der Zeit der Cäsaren (s. S. 41).

22 Villa Borghese [I4]
Eine der berühmtesten Kunstsammlungen Europas mit den Meisterwerken von Raffael, Caravaggio, Tizian und Bernini (s. S. 46).

25 Fontana di Trevi [H7]
In dem prächtigen Brunnen wurde eine der vielleicht berühmtesten Szenen der Filmgeschichte gespielt (s. S. 48).

27 Spanische Treppe [G5]
Was gibt es Schöneres, als die Stufen der barock geschwungenen Treppe im Herzen Roms zu besteigen und über die Dächer der Ewigen Stadt zu schauen (s. S. 49)?

31 Trastevere [E9]
Das Stadtviertel am westlichen Tiberufer ist die Amüsiermeile Roms. An kaum einem anderen Ort in der Stadt gibt es eine derartige Dichte von Kneipen und Restaurants (s. S. 54).

38 Vatikanische Museen [C5]
Die sechs Einzelmuseen bilden zusammen das größte Museum der Welt. Hier befindet sich auch das berühmteste Deckengemälde von Michelangelo, die „Erschaffung der Welt“ (s. S. 63)

316ro Abb.: nw

Willkommen in Rom

Rom ist eine Stadt für Fußgänger. Alles kann und sollte zu Fuß erschlossen werden. Das Stadtzentrum ist eine große Bühne für die Flaneure, egal ob Römer oder Touristen.

Die Hauptachse, die schnurgerade die römische Innenstadt teilt, ist die **Via del Corso** 12, an der entlang sich schon bei Goethes Besuch vor mehr als 200 Jahren der römische Alltag abspielte. Ab dem späten Nachmittag beginnen die Römer mit dem Spaziergang auf dem Corso. Am Wochenende ist es hier so voll, dass es von der Piazza del Popolo 21 bis zur Piazza Venezia 10 gut und gerne eine Stunde dauern kann. In den Seitenstraßen der Via del Corso sind heute alle italienischen Modemarken versammelt, allein schon die Schaufenster laden zu einem Bummel durch die kleinen Altstadtgassen ein. Wer von den langen Spaziergängen müde wird, kann in den vielen Straßencafés und Eisdielen rund um den Corso eine Pause einlegen. Auf der anderen Seite der Via del Corso ist das Regierungsviertel untergebracht, genauer gesagt der Palazzo Chigi, der Sitz des italienischen Ministerpräsidenten, und der Palazzo Montecitorio 15, das Parlament der Republik.

Auch der **Stadtteil Trastevere** 31 lädt zu Spaziergängen ein. Der größte Teil des Stadtviertels ist Fußgängerzone. Die Einheimischen behaupten, hier würden noch die einzigen echten Römer leben. In einigen Winkeln des Quartiers, die man natürlich am besten zu Fuß erkundet, beschleicht einen wirklich das Gefühl, die Zeit wäre stehen geblieben.

Etwas schwierig wird das Flanieren in den **Ruinen des alten Rom.** Zwischen Kolosseum 4, Fori Imperiali und Palatin 3 zerschneiden Hauptverkehrsstraßen die Spazierwege – ein ungeeignetes Gelände für Flaneure. Hierher kommt man daher am besten mit einem konkreten Besuchsinteresse.

Inmitten des hektischen Zentrums trifft man aber immer wieder auf Orte, die klein, still und provinziell sind, etwa in den Gassen von Trastevere oder in den **Stadtteilen Testaccio** und **San Lorenzo.** Und natürlich gibt es auch in den vielen Parks Rückzugsmöglichkeiten für gestresste Rombesucher. Selbst hinter dem Kolosseum gibt es im **Park des Colle Oppio** schattige Plätze unter Schirmpinien, die zum Verweilen einladen.

Vielleicht unternehmen Sie eine **Tour mit der Vespa** oder mit dem **Fahrrad** (s. S. 131). Damit kommt man schnell überallhin, man sollte sich aber im Klaren sein, dass es nicht einfach ist, sich auf einem Zweirad durch Rom zu bewegen. Im Straßenverkehr herrschen raue Sitten und wer sich darauf einlässt, sollte ein geübter Motorradfahrer sein.

Man kann auch mit den öffentlichen Nahverkehrsmitteln eine Stadtrundfahrt unternehmen. Dafür bietet sich u. a. der **Bus Nr. 62** an, der vom Petersdom 37 (Haltestelle am Tiberufer) über die Piazza Venezia 10 und die Via del Corso 12 bis zur Piazza Barberini 24 fährt. Man kann alternativ auch einen der offenen **Doppeldeckerbusse** nehmen und eine Panoramafahrt durch Rom unternehmen (s. S. 132).

[<] Vorseite: Die Engelsburg 34 aus der Touristenperspektive

[>] Auf dem Petersplatz 36 herrscht ein ständiges Kommen und Gehen

Kurztrip nach Rom

Welches Liebespaar träumt nicht von ein paar Tagen in der Ewigen Stadt mit nächtlichen Spaziergängen durch dämmrige Gassen, von verträumten Plätzen und romantischen Restaurants. In keiner anderen europäischen Stadt ist es möglich, innerhalb von zwei Tagen eine Zeitreise durch 2000 Jahre europäischer Geschichte zu unternehmen.

1. Tag: Quer durch die Altstadt

Morgens

Frühstück gibt es auf dem **Campo de' Fiori** ⓴, Roms beliebtestem Marktplatz. Der Markt ist am schönsten am frühen Morgen, deshalb lohnt es sich, früh aufzustehen. Hier kann man die Gemüsehändler und ihre Kundschaft beim Feilschen und Lamentieren über die viel zu hohen Preise beobachten. Wer sich etwas mit nach Hause nehmen möchte, sollte vielleicht einmal an einem Käsestand nach einem lange gelagerten Käse aus Schafsmilch *(pecorino)* fragen.

Bummeln Sie dann vorbei an der Piazza Farnese über die **Via Giulia** [E7–8], eine der romantischsten Straßen Roms, bis zur **Piazza Navona** ⓳. Der Platz ist ein Kontrast zum rustikalen Campo, mit überschäumendem Barock ausgestattet und in seiner Schönheit atemberaubend.

Mittags

Gegenüber dem Torso des Pasquino gibt es im **Cul de Sac 1** (s.S. 90) viele leckere Kleinigkeiten zu essen.

Danach geht es zu Fuß zum **Pantheon** ⓲, dem besterhaltenen Tempel aus römischer Zeit. Schräg gegenüber gibt es im **Tazza d'Oro** (s.S. 91), zu Deutsch „Die goldene Tasse", einen ausgezeichneten Espresso, den man sich nicht entgehen lassen sollte.

Nun führt der Weg in das „Goldene Dreieck", die exklusive und sündhaft teure Einkaufsmeile Roms rund um die **Via Condotti** [G6].

330ro Abb.: nw

Abends

Am Abend steht ein Abstecher zu den zwei schönsten Brunnen Roms an. Die **Fontana di Trevi** 25 ist sicherlich einer der romantischsten Plätze der Stadt. Hier treffen sich die Liebespaare an dem prächtigen barocken Brunnen, der einst einer der wichtigsten Schauplätze in dem Film „La dolce vita" mit Anita Ekberg und Marcello Mastroianni war.

Ausklingen lassen kann man den Tag an Berninis Tritonbrunnen an der **Piazza Barberini** 24. In **Pepy's Bar** (s. S. 88) gibt es gute Cocktails und ausgezeichnete *tramezzini* (s. S. 86). Nach Einbruch der Dunkelheit kann man den Blick auf den beleuchteten Barockbrunnen genießen.

Das gibt es nur in Rom

- In Rom wird die Pizza gerne hauchdünn gegessen. Bei Baffetto ist das beliebte Fladenbrot zur Perfektion gereift (s. S. 89).
- Im Juli und August finden in Rom unter dem Motto Romarama, meistens unter freiem Himmel, unzählige Konzert- und Theaterveranstaltungen statt (s. S. 96).
- Die Römer lieben Artischocken. Nur in Rom wird das leicht bittere Distelgewächs auf „jüdische Art" (alla gudia) in Öl frittiert, sodass die Blätter kross gebacken sind, während das Herz zart und saftig bleibt (s. S. 83).
- Der Vatikanstaat ist der kleinste autonome Staat der Welt. Er umfasst einen halben Quadratkilometer und wird von etwa 800 Menschen bewohnt. Amtssprachen sind Latein und Italienisch.

2. Tag: Von Trastevere zum Vatikan

Morgens

Heute geht es über die Viale di Trastevere mitten in den romantischen Stadtteil Trastevere mit seinen verwinkelten Gassen und verwitterten Hausfassaden. Die **Santa Maria in Trastevere** 33, am gleichnamigen Platz gelegen, ist eine der ältesten und schönsten Kirchen Roms.

Mittags

In der **Bar San Calisto** (s. S. 93) treffen sich noch die Einheimischen, ein wunderbarer Ort für ein Glas Wein oder einen Espresso zu günstigen Preisen. Ein kurzer Spaziergang führt zum Tiberufer (Lungotevere), von wo man den Bus zum **Vatikan** nehmen kann. Besuchen Sie zuerst den **Petersdom** 37.

Danach geht es um die Ecke in die Viale Vaticano, wo sich der Eingang zu den **Vatikanischen Museen** 38 befindet. Das in Form einer Grabkammer gestaltete **Ägyptische Museum** (Museo Egiziano) sollten Sie sich nicht entgehen lassen, ebenso wie die **Stanzen des Raffael**, eine Zimmerflucht, deren Wände mit den wahrscheinlich berühmtesten Fresken der Welt bemalt sind. Danach geht es in die **Sixtinische Kapelle**, wo Michelangelos erhabenes Deckenfresko „Die Erschaffung der Welt" die Besucher beeindruckt.

Abends

Auf der Dachterrasse des Hotels Atlante Star (s. S. 90) kann man den Kurztrip bei einem Aperitif ausklingen lassen. Von hier hat man eine der schönsten Aussichten auf die von Michelangelo geschaffene Kuppel des Petersdoms.

Stadtspaziergänge

Spaziergang 1: Im Zentrum des antiken Rom

Länge: ca. 3 km
Dauer: ca. 3 Stunden (ohne Besuch von Sehenswürdigkeiten)
Tages-/Jahreszeit: am frühen Morgen, zu jeder Jahreszeit möglich
Startpunkt: Piazza Venezia [G8] (Bus Nr. 62)
Endpunkt: Metro Circo Massimo [I11]

Den Leser erwartet ein Spaziergang durch einen weltweit einzigartigen archäologischen Park. Sie werden zu den wichtigsten Vergnügungsstätten des alten Rom geführt, kommen an den Palästen der Kaiserzeit vorbei und können einen Blick auf die Gründungsstätte Roms werfen. Man sollte sich sich vorher (am besten online unter www.parcocoloseo.it) ein Kombiticket für Forum/Kolosseum/Palatin kaufen (16 €).

Wir schlendern über den Corso bis zur **Piazza Venezia** (10). Von hier aus ist schon das **Nationaldenkmal** zu sehen. Kurz vor dem Ersten Weltkrieg wurde der sogenannte „Altar des Vaterlandes" mit allen Insignien des italienischen Nationalismus fertiggestellt. In der Mitte befindet sich die 12 m hohe Reiterstatue von Vittorio Emanuele II., dem ersten König des 1870 geeinten Italiens. Von dem Monument aus hat man einen wundervollen Blick über die Dächer von Rom. Wer richtig hoch hinaus will, kann mit einem Aufzug auf die Spitze des Denkmals fahren. Das Denkmal kann übrigens kostenfrei besichtigt werden (9.30–18.45 Uhr), die Aussichtsterrasse *(terrazza panoramica)* kostet 12 €.

Danach geht es nach rechts auf die Via dei Fori Imperiali, die aufgrund von Bauarbeiten für die Metrolinie C zurzeit eine einzige Baustelle ist. Auf der linken Seite erhebt sich die **Trajanssäule**, das Zentrum des gleichnamigen Forums (s. S. 35). Auf der Säule wird der Krieg gegen die Daker

Das Kolosseum (4) ist das Wahrzeichen des antiken Roms

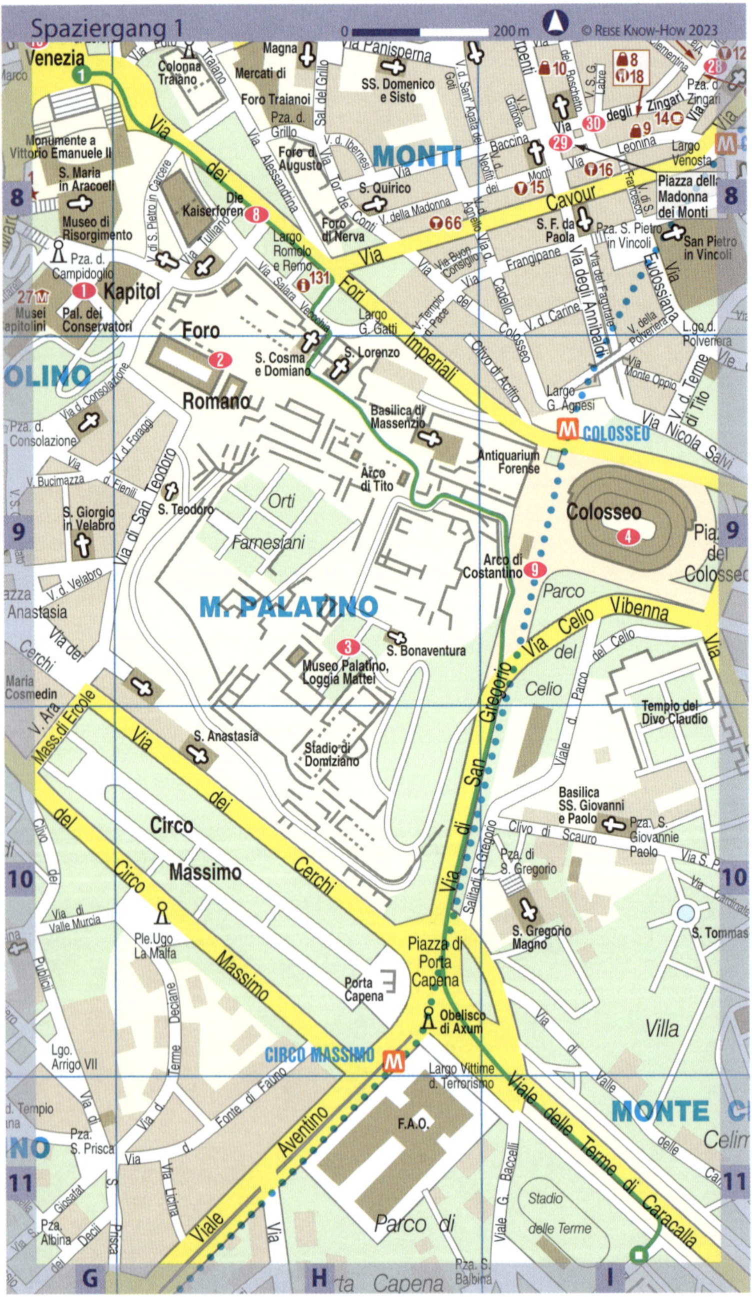
Spaziergang 1
0
200 m
© Reise Know-How 2023
Venezia
Colonna Traiano
Magna
Mercati di
Foro Traianoi
Pza. d. Grillo
Sal. del Grillo
Via Panisperna
SS. Domenico e Sisto
MONTI
Monumente a Vittorio Emanuele II
S. Maria in Aracoeli
Museo di Risorgimento
Die Kaiserforen
Via dei Fori Imperiali
Foro d. Augusto
Foro di Nerva
S. Quirico
V. della Madonna
Via Cavour
Via Baccina
Via Leonina
Via degli Zingari
Pza. d. Zingari
Largo Venosta
Piazza della Madonna dei Monti
S. F. da Paola
Pza. S. Pietro in Vincoli
San Pietro in Vincoli
Via Eudossiana
Via Frangipane
Via degli Annibaldi
Via del Fagutale
V. della Polveriera
L.go d. Polveriera
Via Monte Oppio
V. d. Terme di Tito
Via Nicola Salvi
Largo G. Agnesi
COLOSSEO
Colosseo
Pza. del Colosseo
Antiquarium Forense
Arco di Costantino
Arco di Tito
Basilica di Massenzio
S. Lorenzo
S. Cosma e Domiano
Largo Romolo e Remo
Via Salara Vecchia
Largo G. Gatti
Clivo di Acilio
Via del Colosseo
V. d. Carine
Via Tulliano
Pza. d. Campidoglio
Kapitol
Pal. dei Conservatori
Musei Capitolini
Foro Romano
Pza. d. Consolazione
Via d. Consolazione
V. d. Foraggi
V. Bucimazza
S. Giorgio in Velabro
V. d. Velabro
S. Teodoro
Via di San Teodoro
Orti Farnesiani
M. PALATINO
Museo Palatino, Loggia Mattei
S. Bonaventura
Stadio di Domiziano
S. Anastasia
Via dei Cerchi
Mass. di Ercole
Circo Massimo
Via del Circo Massimo
Clivo dei Publicii
Via di Valle Murcia
Ple. Ugo La Malfa
Via Terme Deciane
Lgo. Arrigo VII
Pza. S. Prisca
Pza. Albina
Via di Fonte di Fauno
Viale Aventino
CIRCO MASSIMO
Porta Capena
Piazza di Porta Capena
Obelisco di Axum
Largo Vittime d. Terrorismo
F.A.O.
Parco di Porta Capena
Pza. S. Balbina
Viale G. Baccelli
Stadio delle Terme
Viale delle Terme di Caracalla
Via di San Gregorio
Salita di S. Gregorio
Via Celio Vibenna
Parco del Celio
Viale d. Parco del Celio
Tempio del Divo Claudio
Basilica SS. Giovanni e Paolo
Pza. S. Giovanni e Paolo
Clivo di Scauro
Pza. di S. Gregorio
S. Gregorio Magno
S. Tommaso
Via di Valle delle Camene
MONTE
Celimontana
Villa
Maria Cosmedin
Via dei Cerchi
G
H
I
8
9
10
11

in einem spiralförmig angelegten Relief erzählt. Dahinter befinden sich die **Trajanischen Märkte**, in deren Halbrund Geschäfte untergebracht waren, die alles verkauften, was die von Rom besetzten Länder hergaben.

Neben dem **Trajansforum** sind die Überreste des **Augustusforums** zu erkennen. Mittelpunkt der Anlage war der Tempel des Mars Ultor, von dem nur noch einige Säulen zu sehen sind. Hier plante der römische Senat seine Feldzüge. Der Tempel wurde übrigens zur Erinnerung an die Ermordung Cäsars errichtet.

Nun unternehmen wir einen **Rundgang durch das Forum Romanum** 2. Der Eingang befindet sich am Largo Romolo e Remo auf der Via dei Fori Imperiali gegenüber dem Augustusforum. Das Forum Romanum war bis zur Kaiserzeit der Lebensmittelpunkt Roms. Hier wurde zwischen Tempeln und Markthallen Geschäfte und Politik gemacht, religiöse Riten durchgeführt und Gericht gehalten.

Zunächst führt unser Weg zu den Überresten der Basilika Aemilia. Rechts daneben sehen Sie die Kurie, die Tagungsstätte des römischen Senats. Gegenüber der Kurie befindet sich der Lapis Niger, ein schwarzer Marmorblock, unter dem der Legende nach Romulus, der Gründer Roms, begraben sein soll. Gegenüber der Basilika Aemilia erheben sich die Überreste der fünfschiffigen Basilika Julia, die im 1. Jh. v. Chr. von Julius Cäsar in Auftrag gegeben wurde. Gleich daneben steht der Tempel von Castor und Pollux, eines der ältesten Gebäude auf dem Forum Romanum (484 v. Chr.). Der Tempel wurde zur Erinnerung an den Sieg über die Latiner (499 v. Chr.) errichtet. Nebenan befindet sich der Tempel der Vestalinnen. Die wichtigste Aufgabe dieser

501ro Abb.: jg

Priesterinnen war das Hüten der ewigen Flamme. Am Neujahrstag, im alten Rom war das der 1.3., löschten die Römer in ihren Häusern das Feuer und holten sich an der Flamme des Vesta-Tempels ein neues. Gegenüber dem Vestatempel befindet sich der Antonius- und Faustina-Tempel aus dem 2. Jh. n. Chr., dessen Eingangshalle mit den hohen Marmorsäulen noch gut erhalten ist. Von hier aus geht es nun leicht bergauf zur Maxentius-Basilika aus dem 4. Jh. n. Chr., einst eines der prächtigsten Gebäude Roms mit einer Grundfläche von 6000 m², das entspricht etwa der Fläche eines Fußballfelds.

Das Forum Romanum 2 war das geistige und wirtschaftliche Zentrum des antiken Rom

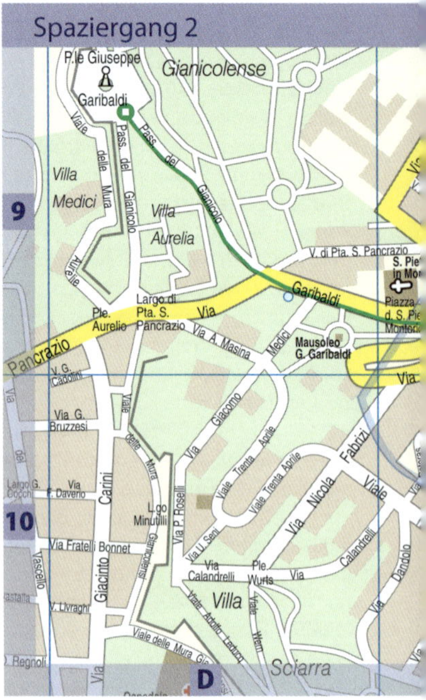

Spaziergang 2

Von hier aus ist es nicht mehr weit bis zum **Titusbogen**, der zu Ehren Kaiser Titus' im Jahre 70 n. Chr. errichtet wurde. Der Triumphbogen erinnert an die Eroberung Jerusalems und die Vertreibung der Juden aus Israel. Die Darstellungen auf dem Bogen erzählen die Geschichte des Feldzugs.

Nach wenigen Gehminuten auf der Via Sacra erreicht man das weiß erstrahlende **Kolosseum** 4, das größte Amphitheater der Antike. Vor dem Kolosseum steht der **Konstantinsbogen** 9, der von dem gleichnamigen ersten christlichen Kaiser Roms im 4. Jh. n. Chr. errichtet wurde.

Nun biegen Sie rechts in die Via di San Gregorio ein. Auf der rechten Seite befindet sich nach etwa 200 Metern der Eingang zum **Palatinhügel** 3, einer der magischsten Orte in Rom. Hier wurde die Stadt der Legende nach vor rund 2700 Jahren von den Zwillingen Romulus und Remus gegründet. Auf dem Hügel errichteten die römischen Kaiser einst ihre prächtigen Paläste.

Nach 200 Metern sehen Sie auf der rechten Seite die langgezogene Rennbahn des alten Rom, den **Circo Massimo.** Hier wurden unter anderem die legendären Pferde- und Wagenrennen abgehalten. Die Rennbahn wurde genau in der Senke zwischen dem Palatinhügel und dem gegenüberliegenden Aventin errichtet, auf dem in der Antike die den Patriziern untergeordneten Plebejer siedelten. Von der Architektur des einst größten öffentlichen Bauwerks der römischen Antike (175.000 Sitzplätze) ist so gut wie nichts mehr übriggeblieben.

Das weiße Marmorgebäude schräg gegenüber des Circo Massimo beherbergt den **Sitz der Welternährungsorganisation F.A.O.** [H11]. Das Gebäude stammt aus den 1930er-Jahren und war eigentlich als Sitz des Afrikaministeriums Mussolinis geplant.

Biegen Sie nun nach links in die Via delle Terme ein. Nach einem knapp 10-minütigen Fußweg sehen Sie auf der rechten Seite den Eingang zu den **Caracalla-Thermen** 42, die nach den Diokletiansthermen zweitgrößte Therme in Rom. Wie alle **Thermen** aus der Kaiserzeit besteht das Gebäude aus zwei identischen, für Frauen und Männer getrennten Umkleide- und Sportbereichen. Die Badeeinrichtungen wurden aber gemeinsam genutzt. Das größte Schwimmbecken in den Caracalla-Thermen hatte eine Länge von 50 Metern. Um zum Kolosseum zurückzukehren, gehen Sie einfach wieder die Via delle Terme zurück und nehmen die Metro B Richtung Kolosseum.

Spaziergang 2: Von Trastevere auf den Gianicolo

Länge: ca. 3 km
Dauer: ca. 4 Stunden
Zeitpunkt: am Sonntagmorgen
Startpunkt: Tiberinsel [F9]
Endpunkt: Piazzale Garibaldi [D9]

Dieser Spaziergang führt uns in Roms Ausgehviertel Trastevere am westlichen Tiberufer. Wir flanieren durch verwinkelte Gassen auf einen der schönsten Hügel der Stadt, der aber nicht zu den berühmten sieben Hügeln der italienischen Kapitale zählt, da Trastevere in der Antike auf außerrömischem Gebiet lag. Auf dem Gianicolo erwartet Sie ein wundervoller Blick auf Rom. Außerdem können Sie die beiden wichtigsten Kirchen Trasteveres besichtigen.

Unser Spaziergang beginnt an der schönen Tiberinsel (zu erreichen mit dem Bus Nr. 23). Die Isola Tiberina ist über zwei Brücken aus vorchristlicher Zeit mit dem Stadtgebiet verbunden. In den alten Gassen befinden sich heute ein Restaurant (Sora Lella), Kirchen und zwei Krankenhäuser. Eines davon wird von der jüdischen Gemeinde betrieben, die hier außerdem eine kleine Synagoge unterhält.

Wir verlassen die Tiberinsel über die Ponte Cestio, die uns nach Trastevere führt, und biegen links in den Lungotevere degli Alberteschi ein. Danach geht es rechts in die Via dei Vascellari. Wenn Sie immer geradeaus gehen, gelangen Sie nach 5 Mi-

nuten zur Kirche **Santa Caecilia** 32. Das Gotteshaus ist nach der Schutzheiligen der Musik benannt, die der Legende nach in ihrem Wohnhaus, das an der gleichen Stelle stand, von den Römern gefoltert und ermordet wurde, weil sie sich zum Christentum bekannte. Der Überlieferung nach soll sie während der Folter gesungen haben. Im Innern der Kirche befindet sich die berühmte Statue der Leiche Caecilias von Stefano Maderno. Von der Krypta aus kann man in ein römisches Wohnhaus hinabsteigen, was vermuten lässt, dass die Heilige wirklich hier gelebt hat.

Nachdem Sie die Kirche verlassen haben, gehen Sie nach links in die Via dei Genovesi [F9/10]. Danach biegen Sie wieder nach links in die Via Anicia und dann nach rechts in den Viccolo dei Tabacchi. Überqueren Sie dann die Viale di Trastevere, um danach in die Via delle Fratte di Trastevere [F9] einzubiegen. Danach gehts nach rechts in die Via di San Francesco a Ripa. Nach knapp 500 Metern erreichen Sie die belebte **Piazza di Santa Maria** mit der gleichnamigen **Basilika** 33. In der Kirche sind die Mosaiken aus dem 12. Jahrhundert in der Apsis besonders sehenswert. Dargestellt wird das Leben Marias von der Geburt bis zu ihrem Tod.

Nachdem Sie die Kirche verlassen haben, gehen Sie nach links in die Via della Paglia. Nach 200 Metern biegen Sie rechts in den Viccolo della Frusta ein.

Am Ende der Straße führt Sie eine Treppe nach oben auf die Via Garibaldi. Wenn Sie nun nach links gehen, sehen Sie nach 50 Metern auf der rechten Seite ein Tor.

Dieses durchschreitet man und gelangt so auf die **Piazza di San Pietro in Montorio** mit der gleichnamigen

Typisch Trastevere: verwinkelte Gassen und Wäsche vor dem Fenster

Kirche. Sie wurde an diesem Platz errichtet, weil man glaubte, hier habe der heilige Petrus den Märtyrertod gefunden. Heute vermutet die Wissenschaft, dass die Kreuzigung doch auf dem Gelände des heutigen Vatikan stattfand. Berühmt ist **San Pietro in Montorio** [E9] aber vor allem wegen des von Bramante erbauten Tempels rechts neben der Kirche. Der Tempel befindet sich hinter dem Eingang zur Academia de Espana. 16 Granitsäulen stützen den Renaissancebau, eine schöne Miniaturausgabe antiker Bauten.

Von der Piazza di San Pietro in Montorio aus geht es rechts die Via Garibaldi hoch. Auf der linken Seite kommen Sie an einer **Gedenkstätte** für die bei dem Kampf um Rom (1870) gefallenen Soldaten vorbei. Nach weiteren 100 Metern gibt es auf der rechten Seite gegenüber dem Brunnen schon einen ersten Blick auf Rom (Belvedere Niccolò Scatoli). Durch ein Tor führt der Weg nun nach rechts in die Passegiata del Gianicolo, vorbei an den Büsten italienischer Nationalhelden.

Am höchsten Punkt des Gianicolo steht die **Reiterstatue Giuseppe Garibaldis**, unter der seine brasilianische Frau Anita begraben ist. Hier fand 1849 eine Schlacht zwischen den Garibaldianern und den Soldaten des Papstes statt. Damals konnte der Papst seinen Kirchenstaat noch verteidigen. Erst 1870 erlitt er eine Niederlage und Rom wurde die Hauptstadt Italiens.

Die Terrasse vor dem Reiterdenkmal ist seit Generationen Treffpunkt römischer Liebespaare. Am schönsten ist es hier am frühen Abend, wenn die Sonne die Stadt in ein goldenes Licht taucht. Der Bus 115 (Haltestelle neben dem Garibaldidenkmal) bringt Sie zurück nach Trastevere.

Uralte christliche Kultstätte: Santa Maria in Trastevere 33

503ro Abb.: jg

Spaziergang 3: Von der Piazza Barberini bis zur Piazza Navona

Länge: ca. 2,5 km
Dauer: ca. 3 Stunden
Tages-/Jahreszeit: am Vormittag, zu jeder Jahreszeit möglich
Startpunkt: Piazza Barberini 24 (Metro A, Barberini) [H6]
Endpunkt: Piazza Navona 19 (Corso del Rinascimento, Bus 62) [F7]

Unternehmen Sie einen Spaziergang durch das barocke Rom entlang seiner schönsten Brunnen. Zwei der größten Baumeister der Stadt, die übrigens eine lebenslange Feindschaft pflegten, haben hier bis heute ihre Spuren hinterlassen: Francesco Borromini und Gian Lorenzo Bernini. Außerdem können Sie unterwegs, nach der Meinung vieler Römer, den besten Kaffee der Stadt probieren.

Beginnen Sie Ihren Spaziergang in **Pepy's Bar** (s. S. 88) an der **Piazza Barberini** 24. Hier gibt es eine riesige Auswahl an typisch römischen *tramezzini* (belegtes Toastbrot) mit außergewöhnlichen Kreationen wie beispielsweise Gorgonzola mit Radicchio. Bedenken Sie allerdings, dass sie zwar an den Tischen vor der Bar einen wundervollen Blick auf Berninis Tritonbrunnen haben, dass aber, wie überall in Rom, ein Tischaufschlag von 3 € erhoben wird.

Nach dem Imbiss folgen sie der dicht befahrenen und lebendigen **Via del Tritone** [G/H6] mit ihren unzähligen Bekleidungsgeschäften und Bars. Nach etwa 15 Minuten Fußweg ist auf der linken Seite der Eingang zur **Galleria Alberto Sordi** am Largo Chigi erreicht (s. S. 101). Die 1922 eröffnete, im Stil des Eklektizismus gehaltene Einkaufsgalerie ist erst seit einigen Jahren wieder zugänglich. Sie ist eine Miniaturausgabe ihres berühmten Vorbildes in Mailand, der Galleria Vittorio Emanuele II. Wenn in Rom mal schlechtes Wetter ist, kann man hier shoppen oder einen Kaffee trinken.

Nach dem Verlassen der Galleria gehen Sie am Largo Chigi wieder zurück Richtung Via del Tritone. Biegen Sie gleich rechts in die Via Santa Maria und dann wieder nach links in die Via dei Crociferi ein. Nach wenigen Metern stoßen Sie auf die **Fontana di Trevi** 25, einer der Hauptanziehungspunkte für Touristen in Rom.

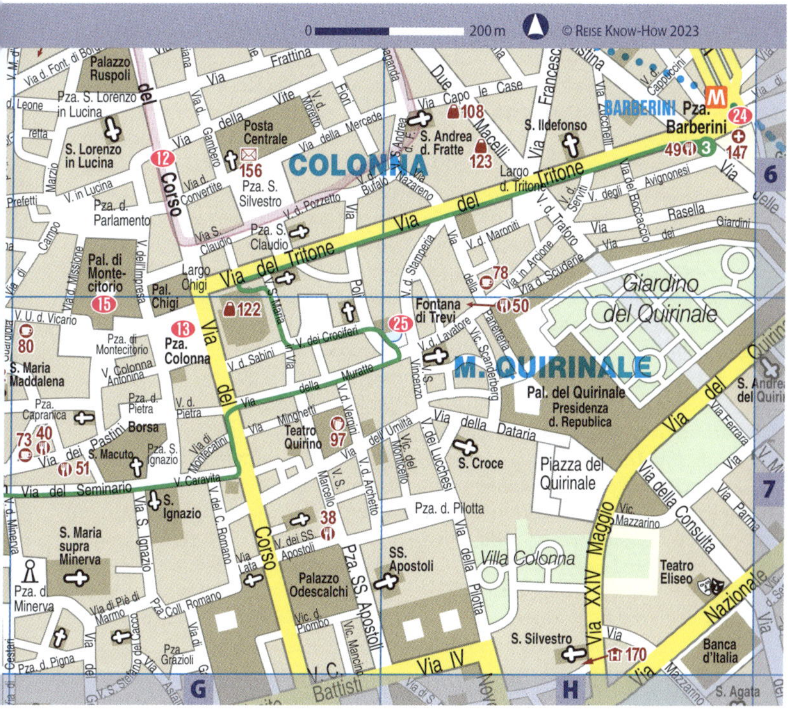

Nach aufwendigen Renovierungsarbeiten erstrahlt der prächtigste Brunnen der Stadt seit ein paar Jahren wieder in seinem ursprünglichen Glanz. Der von Nicola Salvi entworfene Barockbrunnen ist eine einzige Huldigung an die Kraft des Wassers. 30 Jahre dauerten die Bauarbeiten – als der Brunnen 1762 fertiggestellt wurde, war Salvi schon tot. In der Mitte erhebt sich die Gestalt des Meeresgottes Neptun, in der Nische links davon wird der Überfluss in einer allegorischen Plastik dargestellt, rechts die Heilkraft.

Weiter geht es durch die Via della Muratte, auf der sich gerne Straßenhändler, Musiker und Maler tummeln. Nach wenigen Metern erreichen Sie die **Via del Corso** 12, die eine Achse zwischen der **Piazza del Popolo** 21 (rechts) und dem **Nationaldenkmal** 10 (links) bildet. Gehen Sie auf der Via del Corso nach links und dann nach rechts in die Via Caravita.

Nach etwa 400 Metern sieht man schon die mächtigen Säulen des **Pantheon** 18, des besterhaltenen Tempels aus der Kaiserzeit. Der „allen Göttern" gewidmete Tempel wurde 125 n.Chr. unter Kaiser Hadrian vollendet. Der Kuppelbau bezieht seine ungeheure Wirkung vor allem durch das Opaion, das Loch in der Kuppel (Durchmesser: 9 Meter), durch das der Innenraum beleuchtet wird. Im Pantheon sind neben den italienischen Königen des 19. und 20. Jahrhunderts auch prominente Künstler wie Raffael und Peruzzi beigesetzt. Der Marmorfußboden stammt übrigens noch weitgehend aus der Antike.

Nachdem Sie das Pantheon verlassen haben, gehen Sie nach links in die Via Rotonda, dann wieder rechts in die Via della Palombella. Nach wenigen Metern erreichen sie die **Piazza Sant Eustacchio.** In der gleichnamigen Bar (s. S. 90) gibt es einen außergewöhnlich guten Kaffee, dessen Konsistenz an eine Praline erinnert. Von hier aus können Sie den Blick auf Borrominis Meisterwerk, die barocke Kirche Sant'Ivo della Sapienza, genießen. Das Gebäude hat den Grundriss einer Biene. Borromini wollte mit der Anspielung auf das Wappentier der Familie Barberini seinem Auftraggeber, dem Barberinipapst Urban VIII., schmeicheln.

Von der Piazza di Sant'Eustacchio [F7] biegen Sie nach links in die Via del Teatro Valle, dann geht es nach rechts in die Via Sediari. Überqueren Sie den dicht befahrenen Corso del Rinascimento. Nach wenigen Schritten taucht rechts die vielbesuchte **Piazza Navona** (19) auf.

Den Mittelpunkt des Platzes bildet der barocke Vierströmebrunnen (Fontana dei Fiumi) von Bernini. Die Figuren auf den Ecken des Brunnens symbolisieren Flüsse aus vier Kontinenten (Nil, Ganges, Rio de la Plata und Donau). Achten Sie auf die Figur, die ihre Hand scheinbar schützend vor die Augen hält. Ihr Blick ist auf die Kirche San Agnese gerichtet, erbaut von Borromini, Berninis Erzfeind. Der Legende nach soll die Figur von Bernini so gestaltet worden sein, um seiner Abscheu vor der von seinem großen Gegenspieler gestalteten Kirchenfassade Ausdruck zu geben. Gehen Sie nun wieder zurück auf den Corso del Rinascimento. Der Bus Nr. 62 bringt Sie wieder zur Piazza Barberini zurück.

504ro Abb.: jg

Spaziergang 4: Durch das Trendviertel Flaminio

Länge: ca. 2,5 km
Dauer: ca. 4 Stunden
Tages-/Jahreszeit: am frühen Nachmittag, zu jeder Jahreszeit möglich
Startpunkt: Foro Italico 39 (Bus Nr. 32)
Endpunkt: Ponte Milvio 40 (Bus Nr. 32)

Wir beginnen unseren Spaziergang an dem **Obelisken,** der einst zu Ehren Mussolinis aufgestellt wurde und den noch heute die Aufschrift „Mussolini Dux" (Führer Mussolini) ziert. Dahinter steht das Fußballstadion, in dem die römischen Fußballvereine AS und Lazio Rom ihre Heimspiele absolvieren. Etwa 200 Meter weiter nördlich kann man das **Stadio dei Marmi** aus den 1930er-Jahren mit seinen gewaltigen Marmorfiguren, die in einem Oval rings um die Sportstätte aufgestellt sind, besichtigen.

Wenn Sie ein Stückchen Richtung Süden gehen, kommen Sie zu einer neuen, stählernen Fußgängerbrücke, die in das Stadtviertel Flaminio führt. Folgen Sie immer geradeaus der Via Guido Reni. In der Straße befindet sich auf der rechten Seite (Hausnummer 31a) eine schöne Markthalle, in der Sie sich mit belegten Brötchen für den weiteren Verlauf der Stadttour eindecken können.

505ro Abb.: jg

Faschistische Sportstätte: das Stadio dei Marmi

Treffpunkt der Römer: der Campo de'Fiori

Nach etwa 500 Metern erreichen Sie dann auf der linken Seite der Straße das **Museum für zeitgenössische Kunst (MAXXI)** 41. Auf einem früheren Kasernengelände hat die mittlerweile verstorbene britisch-irakische Architektin Zaha Hadid ein beeindruckendes Gebäude geschaffen. Das Museum ist selbst ein Kunstwerk und ein wundervolles Beispiel dekonstruktivistischer Architektur, ein gewaltiges, verschachteltes futuristisches Gebäude aus Glas und Beton. Das Museum beherbergt auch das MAXXIart, eine Dauerausstellung, die über 300 Werke umfasst, unter anderem von Gerhard Richter, Mario Merz und Anish Kapoor. Das Innere des Gebäudes ist durchzogen von zahlreichen Treppen und Rampen, die über die verschiedenen Stockwerke des Museums führen.

506ro Abb.: jg

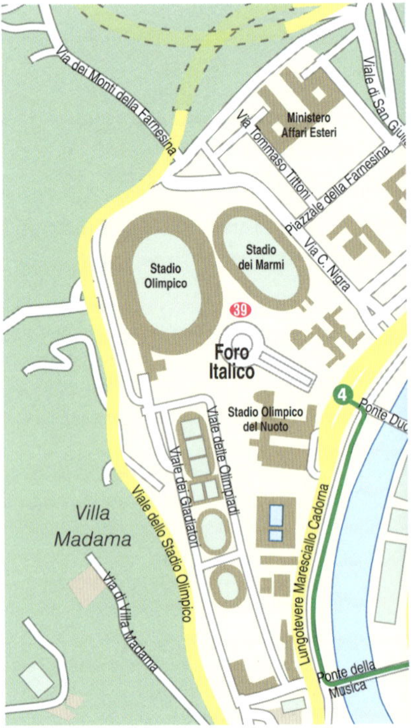

Im Innenhof des Museums lädt eine Bar ein. Es gibt *paninis* und kleine Speisen zu akzeptablen Preisen.

Wenn Sie das MAXXI verlassen, gehen Sie nach links auf die Via Guido Reni. Nach etwa 200 Metern überqueren Sie die Viale Tiziano. Nach weiteren 100 Metern erhebt sich auf der linken Seite der etwas heruntergekommene **Palazetto dello Sport** des bekannten Architekten Luigi Nervi. Die Sporthalle wurde anlässlich der Olympischen Sommerspiele 1960 errichtet und gilt als Meisterwerk der Betonarchitektur. Die zeltförmige Kuppel wird von 36 Betonpfeilern getragen. Heute dient das 20.000 Zuschauer fassende Gebäude neben der sportlichen Nutzung hauptsächlich als Konzerthalle.

Wenn Sie der Straße, die ab hier Viale Pierre de Coubertin heißt, weiter geradeaus folgen, erreichen Sie nach etwa 200 Metern auf der rechten Seite den **Parco della Musica** (s. S. 95).

Der Komplex des Parco della Musica besteht aus drei unterschiedlich großen **Konzerthallen**, die sich um einen zentralen Platz gruppieren, auf dem in der warmen Jahreszeit auch Konzerte stattfinden. Die Hallen selbst ähneln großen Käfern. Der größte der Konzertsäle, die Sala Santa Cecilia, fasst knapp 2800 Personen, die kleineren immerhin noch 1200 bzw. 700 Besucher. Während des Baus der Konzerthallen wurden antike Fundamente freigelegt (ein Bauernhof und eine römische Villa),

die aus dem 5. Jh. v. Chr. stammen. Sie wurden in den Parco della Musica integriert, zudem informiert eine Ausstellung über Details zu den Ausgrabungen. Für Kinder gibt es auf dem Gelände übrigens einen schönen Spielplatz. Außerdem kann man in der nur wenige Schritte entfernten Eisdiele Neve di latte (s. S. 91) nicht nur hervorragendes Eis essen, sondern durch ein Schaufenster auch die Produktion der kalten Köstlichkeit beobachten. Im Winter sollte man unbedingt die heiße Schokolade probieren! Danach geht es zurück zum Palazetto dello Sport. Dort biegt man nach rechts in die Viale Tiziano ein. Wenn Sie der Straße folgen, erreichen Sie nach ca. 500 Metern die **Ponte Milvio** 40, die älteste Brücke Roms. Im 2. Jh. v. Chr. wurde der Bau von einem Mitglied der Sippe der Milvia in Auftrag gegeben. Berühmt wurde die Ponte Milvio, als hier im Jahre 312 n. Chr. die entscheidende Schlacht zwischen Kaiser Konstantin und seinem Gegenspieler Maxentius stattfand. Konstantin gewann und schon bald darauf wurde das Christentum zur Staatsreligion. Gehen Sie nun über die Brücke und dann nach links. Der Bus Nr. 32 bringt Sie zur Metro A (Richtung Anagnina).

Die Ponte Milvio 40 ist Roms älteste Brücke

Im Zentrum des alten Rom

Auf dem Palatinhügel entstand vor mehr als 2700 Jahren ein Staatswesen, das fast die ganze damals den Europäern bekannte Welt für mehrere Jahrhunderte beherrschen sollte. Seine Überreste ziehen noch heute Jahr für Jahr Millionen von Touristen an. Von der sogenannten Romulus-Hütte bis zum Kolosseum oder den Kaiserforen sind es nur wenige Minuten zu Fuß. Rund um diese Keimzelle des Römischen Reichs breitete sich seit dem Mittelalter das Rom der Päpste aus, mit seinen barocken Gebäuden, Brunnen und Kirchen.

1 Kapitol (Monte Capitolino) ★★ [G8]

Auf dem Kapitolshügel hatte das römische Weltreich einst sein politisches und religiöses Zentrum. In der Renaissance wurde der heruntergekommene Hügel von Michelangelo völlig neu gestaltet, ein wundervolles Ensemble, das bis heute erhalten ist. Heute sind hier der Bürgermeister der Ewigen Stadt und die Kapitolinischen Museen zu Hause.

Im Jupitertempel, der auf dem Kapitolshügel stand, wurden im alten Rom die wichtigsten religiösen Kulthandlungen abgehalten. Das Kapitol war das Zentrum der Welt. Einmal noch durften das Kapitol und Rom Mittelpunkt Europas sein: Im Jahre 1955 wurden hier die **Römischen Verträge** unterzeichnet, die den Grundstein zur Europäischen Union bildeten.

Zwei **Treppen** ermöglichen die Annäherung zum Kapitol, einmal die sehr steile, welche direkt zur Kirche Santa Maria in Aracoeli führt (von dort aus geht es dann rechts auf den Kapitolsplatz), und dann die von Michelangelo entworfene, sanft ansteigende Rampentreppe, die den Spazierenden zu einem feierlichen Rhythmus zwingt.

Wer diese Treppe hinaufgeht, entdeckt auf der linken Seite ein unscheinbares Denkmal, das dem mittelalterlichen, römischen Volkstribun **Cola di Rienzo** gewidmet ist. Er inspirierte Richard Wagner zu seiner Oper „Rienzi". Cola di Rienzo hatte viele seiner Reden an das römische Volk hier auf den Stufen vor der Kirche gehalten.

In der Kirche **Santa Maria in Aracoeli** gehören die Fresken des Pinturicchio zu den Hauptsehenswürdigkeiten. Sie stellen das Leben des San Bernadino dar und stammen aus dem Jahre 1485.

Die Treppe endet oben zwischen den **Statuen der Dioskuren Kastor und Pollux** (in der griechischen Mythologie die Zwillingssöhne des Zeus), die nach einer Legende den Römern in einer fast schon verlorenen Schlacht zu Hilfe kamen und deswegen besonders verehrt wurden.

Der **Kapitolsplatz** selbst ist trapezförmig angelegt, d. h., die Gebäude stehen nicht rechtwinklig, sondern leicht verschoben zueinander, wodurch ein Eindruck von Tiefe entsteht. In der Mitte des Platzes steht das im Jahre 1537 aufgestellte **Reiterstandbild Marc Aurels.** Durch die Luftverschmutzung stark in Mitlei-

› *Aufstieg zum Kapitol*

309ro Abb.: nw

denschaft gezogen, musste das berühmte Werk insgesamt 18 Jahre lang restauriert werden. Denkbar groß war die Begeisterung, als im April 1997 Ross und Reiter wieder aufgestellt wurden. Allerdings handelt es sich nur um eine detailgetreue Kopie – der echte Aurel kann nur hinter Glas im nebenan gelegenen Kapitolinischen Museum bewundert werden.

Im Zentrum des Kapitols steht der **Senatorenpalast**, das heutige Rathaus. Im römischen Rathaus wird natürlich auch geheiratet: Wer Glück hat, kann vielleicht eine italienische Hochzeit beobachten.

Auf der rechten Seite des Platzes befindet sich der **Konservatorenpalast** und auf der linken Seite der neue Palast des Kapitolinischen Museums. Beide sind durch einen Tunnel verbunden und bilden zusammen die **Kapitolinischen Museen** (Musei Capitolini). Abgesehen von den Vatikanischen Museen 38 befindet sich hier die wichtigste Sammlung antiker Fundstücke in Rom, so etwa das Wahrzeichen Roms, die säugende Wölfin, eine etruskische Bronzeplastik aus dem 6. Jahrhundert v. Chr. Übrigens kamen die Figuren des Romulus und Remus erst in der Renaissance in das Wahrzeichen hinein. Wer an der Geschichte des alten Rom interessiert ist, sollte unbedingt hier gewesen sein.

Noch ein Tipp: Wer links am Senatorenpalast vorbeigeht, hat den schönsten Blick über das Forum Romanum 2.

› Musei Capitolini (Kapitolinische Museen), Piazza del Campidoglio, Tel. 06 39967800, www.museicapitolini.org, geöffnet: tgl. 9.30–19.30 Uhr, Kartenverkauf bis 18.30 Uhr, 25. Dez., 1. Jan. und 1. Mai geschlossen, Eintritt 16 €
› Bus Nr. 84 bis Piazza Venezia/Campidoglio oder Bus Nr. 62 bis Haltestelle Plebiscito

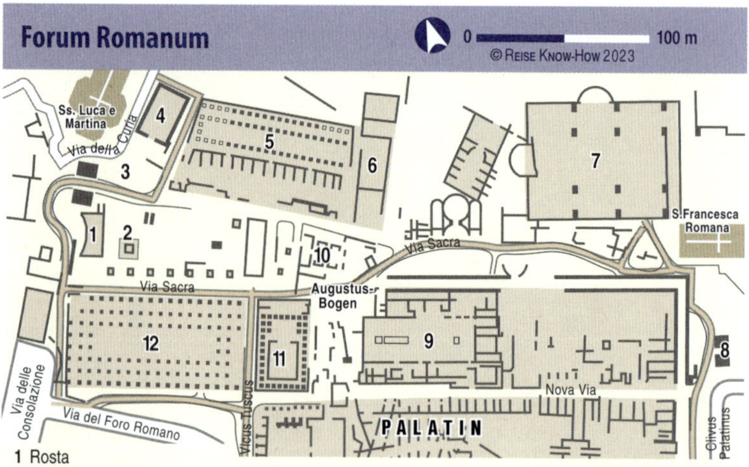

1 Rosta
2 Phokas-Säule
3 Bogen des Septimius Severus
4 Kurie
5 Basilika Aemilia
6 Antoninus-Faustina-Tempel
7 Maxentius-(Konstantins-)Basilika
8 Titus-Bogen
9 Haus der Vestalinnen
10 Caesar-Tempel
11 Kastor- u. Pollux-Tempel
12 Basilika Julia

2 Forum Romanum (Foro Romano) ★★★ [H9]

Bis zur Kaiserzeit war hier der Treffpunkt des alten Rom. Zwischen Tempeln und Markthallen und den Buden der Geldwechsler wurden religiöse Riten gepflegt, Geschäfte gemacht und Gericht gehalten. Heute erwartet den Besucher eine von mediterraner Vegetation überwucherte, wildromantische Ruinenlandschaft, die immer noch einen Eindruck von der Größe und Macht des alten Rom vermittelt.

Vom Palatinhügel 3 führt der Weg über eine Treppe hinunter zum Forum Romanum. Gleich auf der rechten Seite befindet sich der **Titus-Bogen.** Er wurde zu Ehren des Kaisers Titus errichtet, der im Jahre 70 n.Chr. Jerusalem eroberte und damit die Vertreibung des jüdischen Volkes aus Israel besiegelte. Die Darstellungen auf dem Bogen erzählen die Geschichte des Feldzugs.

Weiter geht es über die **Via Sacra** nach links zum Kern des Forums. Über die Via Sacra führten übrigens die Triumphzüge der Römer nach erfolgreichen Feldzügen.

Im Zentrum des Forums (links von der Via Sacra) befindet sich der **Tempel der Vesta**, von dem allerdings nur noch einige Säulen und eine Mauer erhalten sind. Die Vestalinnen waren die Priesterinnen des alten Rom; sie wurden bereits im Kindesalter ausgewählt und durften kein körperliches Gebrechen aufweisen. Sie mussten sich verpflichten, 30 Jahre lang unverheiratet zu bleiben und sich ausschließlich den ihnen übertragenen Aufgaben zu widmen: der Darbringung von Opfern und vor allem dem Hüten des heiligen Feuers, das den Römern als Zeichen für den Fortbestand des Staates galt. Am Neujahrstag, im alten Rom war das der 1. März, löschten die Römer in ihren Häusern das Feuer und holten sich

317ro Abb.: nw

ein neues an der Flamme des Vesta-Tempels. Der Feuerkult reicht weit in die vorrömische Zeit zurück: Für die ersten Hirten auf dem Palatin war ein ständig brennendes Feuer, von dem sich jeder bedienen konnte, Lebensgrundlage. Das Erlöschenlassen des Feuers war das schlimmste Vergehen, dessen sich eine Vestalin schuldig machen konnte; es hatte den sicheren Tod zur Folge.

Der Weg führt weiter über die Via Sacra. Auf der linken Seite sieht man die gewaltigen Ausmaße der Gerichtshalle des antiken Rom, die **Basilika Julia**. Die hier abgehaltenen Prozesse zogen meistens eine große Menge von Zuschauern an, die mit lautstarkem Interesse die Vorgänge im Gerichtssaal verfolgten. Die Basilika wurde zum wesentlichen Teil zwischen 55 v. Chr. und 44 v. Chr. unter Cäsar erbaut und schließlich unter seinem Nachfolger Augustus fertiggestellt. Sie war 101 m lang und 49 m breit. Nur die Fundamente sind erhalten geblieben. Die Christen übernahmen später den Grundriss der Basiliken für ihren Kirchenbau.

Blick auf die Überreste des Forum Romanum 2

Gegenüber der Basilika Julia kann man die Überreste der **Basilika Aemilia** sehen. Die Basilika war die Heimat der römischen Geldwechsler und, schenkt man den Berichten der Zeitgenossen Glauben, eines der schönsten Gebäude der damals bekannten Welt.

Der Ziegelbau der **Kurie** (links neben der Basilika Aemilia) ist eines der besterhaltenen Gebäude auf dem Forum. Von hier aus kontrollierte der römische Senat die Geschicke des Weltreichs. Da die Kurie nur Platz für 300 Senatoren bot und die Zahl der Abgeordneten im Lauf der Zeit immer größer wurde (zur Zeit Cäsars etwa 800), mussten die Versammlungen oft im Freien abgehalten werden. Im 7. Jh. wurde die Kurie in eine Kirche umgewandelt.

610ro Abb.: fs

› Eingang: Largo Romolo e Remo [H8] an der Via dei Fiori Imperiali oder über den Eingang zum Palatin in der Via di San Gregorio [H10], https://parcocolosseo.it, geöffnet: Ende März–Ende Aug. tägl. 9–19.15, Sept. 9–19, Okt. 9–18.30, Nov.–Feb. 9–16.30, Feb.–Ende März 9–17 Uhr, letzter Einlass ist eine Stunde vor Schließung. Für das Forum Romanum, den Palatin 3 und das Kolosseum 4 gibt es ein Kombiticket, das 16 € kostet (nur online buchbar, die Buchungsgebühr beträgt 2 € zusätzlich, Besucher zwischen 18 und 25 Jahren zahlen 4 €, unter 18 Jahren Eintritt frei). Das Ticket ist zwei Tage lang gültig. Es gibt die **App Parco Colosseo** (kostenlose Basisversion für iOS und Android), mithilfe derer man kostenpflichtige Audioguides abspielen und auch im Vorhinein Tickets kaufen kann.
› Metrolinie B bis Colosseo

Das letzte Hochhaus des alten Rom

Eine der spannendsten Ruinen des alten Rom wird gerne übersehen, dabei steht sie direkt unterhalb des Kapitols, an einem der prominentesten Plätze der Stadt. Neben der steilen Treppe, die zur Kirche **Santa Maria in Ara Coeli** führt, befindet sich die einzige im öffentlichen Raum verbliebene **insula** – ein Mietshaus aus dem 2. Jh. n. Chr. – mit fünf Stockwerken, die heute noch vorhanden sind. Der Grundriss der insulae war immer der gleiche: Unten waren Ladengeschäfte untergebracht, sogenannte „tabernae" (davon leitet sich übrigens der Name Taverne ab), die Waren für den täglichen Bedarf anboten. Darüber befand sich ein niedriges Zwischengeschoss, in dem die Besitzer der Läden wohnten. Die Häuser hatten bis zu acht Stockwerke, manchmal auch mehr, was dazu führte, dass ihre Höhe von Kaiser Augustus auf 27 m begrenzt werden musste, weil immer wieder Häuser einstürzten. Während in den unteren Stockwerken, in denen es fließendes Wasser und Toiletten gab, ein gewisser Komfort herrschte, wurden die Wohnungen nach oben hin immer ärmlicher, oft handelte es sich um Holzverschläge, die auf die gemauerten Geschosse aufgesetzt wurden. Die Mieter waren gezwungen, öffentliche Toiletten und Badehäuser aufzusuchen, was dazu beitrug, dass sich Krankheiten in der Stadt leichter ausbreiteten konnten.

In der Kaiserzeit lebten etwa 1 Mio. Menschen in Rom. Alle drängten ins Zentrum, innerhalb der Stadtmauern war der Raum aber begrenzt. Außerhalb wohnten nur wohlhabende Römer, die über Pferdewagen verfügten. Die Häuser mussten also in die Höhe wach-

3 Palatin (Monte Palatino) ★★★ [H9]

Der Palatinhügel war die erste Heimstätte der Römer und ist somit ein „Muss" für an römischer Geschichte Interessierte. Nach der Überlieferung des Geschichtsschreibers Titus Livius befand sich hier die Höhle, in der die Brüder Romulus und Remus von einem Hirten aufgezogen wurden.

Neuere Ausgrabungen weisen auf dem Palatin tatsächlich **latinische Siedlungen** nach, die bis auf die Zeit um 1000 v. Chr. zurückgehen. In der Kaiserzeit wurden die Bürger Roms aus ihren Behausungen vertrieben, um Platz zu schaffen für die Aristokratie. Der Zugang zum Palatin war von nun an nur noch den einflussreichen römischen Familien erlaubt. Dementsprechend wurde das Gebiet architektonisch umgestaltet: Repräsentative **Kaiserpaläste** entstanden, von denen heute noch Überreste zu sehen sind.

Übrigens leitet sich das deutsche **Wort Palast**, genau wie das italienische *palazzo*, von Palatin ab.

Wer gleich nach dem Eingang nach links geht und dann der Treppe nach oben folgt, hat einen herrlichen Blick auf das **Stadion des Domitian.** Kaiser Domitian (81–98 n. Chr.) war der emsigste Bauherr auf dem Palatin. Die 160 Meter lange und 47 Meter breite Rennbahn war nur der Familie des Kaisers zugänglich.

An das Stadion schließt die Domus Augustana, der **Kaiserpalast**, an. Auch dieser Palast wurde in der Zeit

Der Triumphbogen des Septimius Severus aus dem Jahr 203

sen. Heute würde man von der „vertikalen Stadt" sprechen. Kurz vor dem Ende des Kaiserreichs gab es geschätzt etwa 46.000 „insulae" in Rom. Die Mehrzahl der Römer waren Mieter, die Nachfrage war groß und das Angebot bescheiden, was zu Mietwucher und Bodenspekulation führte. Verschiedene Quellen zitieren Fälle, in denen mehrere Wohnungen von einer Person gepachtet wurden, um sie gegen Aufschlag weiter zu vermieten.

★1 [G8] **Insula dell'Ara Coeli,** Piazza d'Aracoeli 1, Tel. 06 0608, https://sovraintendenzaroma.it, Eintritt 4 €, erm. 3 €. Besichtigung nur nach tel. Voranmeldung, genaue Erläuterung der Modalitäten auf der Website (Menü: Roma Antica/Beni architet tonici/Insula dell'Ara Coeli).

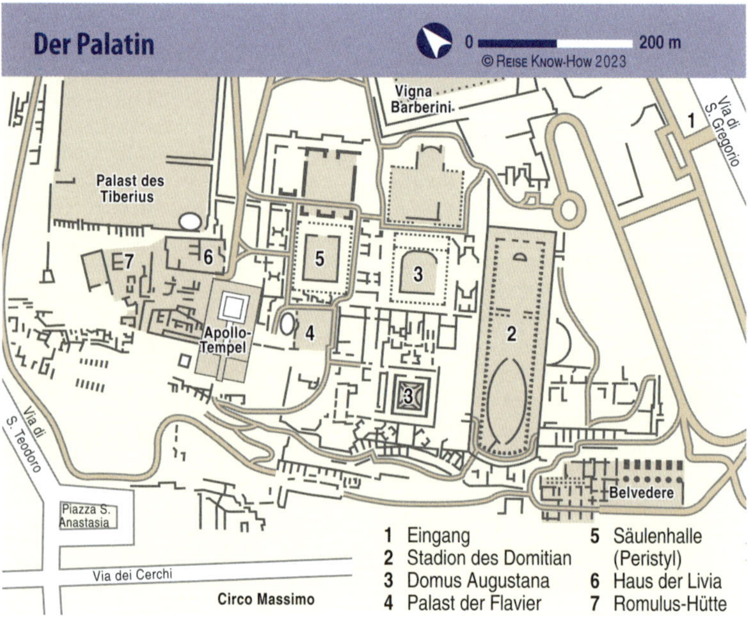

des Domitian erbaut und diente noch den folgenden römischen Herrschern und ihren Familien über Jahrhunderte als Wohnhaus.

Im Zentrum des Palatin liegt der **Palast des Geschlechts der Flavier.** Es sind noch die Überreste des großen Säulenhofs (Peristyl) im Inneren des Palastes zu erkennen. Das ovale Gebilde war wahrscheinlich ein Brunnen im Speisesaal des Palastes. Hier befand sich das Lebenszentrum der kaiserlichen Familie: Die Thronhalle, eine Kapelle für die römischen Hausgeister, die Laren, ein eigenes Gerichtsgebäude und der große Speisesaal, kurzum alles, was ein römischer Herrscher so brauchte.

Unterhalb des Palastes der Flavier befindet sich das ältere **Haus der Livia,** der Gattin von Kaiser Augustus. Es ist keineswegs sicher, dass Livia hier gelebt hat, lediglich eine Inschrift im Haus legt die Vermutung nahe. Das relativ gut erhaltene Gebäude vermittelt einen interessanten Einblick in die Wohnverhältnisse, die im alten Rom vorherrschten.

Nur wenige Meter vom Haus der Livia entfernt befinden sich die ältesten Siedlungsreste auf dem Palatin. Viel wird der Besucher aber von der sogenannten Romulus-Hütte hier nicht sehen, außer den eifrigen Ausgrabungsarbeiten der Archäologen. Hier lebten die Menschen, die den Grundstein für das römische Weltreich legten, ob sie jetzt Romulus und Remus hießen, ist eher unwichtig.

Vom südlichen Ende des Palatin aus hat man einen wunderschönen Blick auf den **Circus Maximus** (Circo Massimo) gleich unterhalb und den gegenüberliegenden Aventinhügel. Im Circus Maximus fanden die beliebten Wagenrennen statt. Über sieben

507ro Abb.: jg

Runden rasten die Vierspänner gegen den Uhrzeigersinn durch die Arena.

Auf dem **Aventin** [G11] lebten in römischer Zeit die Plebejer, also die nicht grundbesitzende Klasse der römischen Gesellschaft. Immer wieder kam es in Rom zu sozialen Unruhen und bürgerkriegsähnlichen Auseinandersetzungen zwischen den beiden Gruppen. Die römischen Patrizier, also die Grundbesitzer, waren aber klug genug, die Plebejer zumindest soweit in die römische Gesellschaft zu integrieren, dass es nie zum endgültigen Bruch kam, was sicherlich das Ende der römischen Weltherrschaft bedeutet hätte.

- Via San Gregorio 30, https://parcocolosseo.it, geöffnet: Mitte März–September täglich 9–19.15 Uhr, Okt. 9–18.30 Uhr, Nov.–Febr. 9–16.30 Uhr, Febr.–Mitte März 9–17 Uhr, Eintrittspreise: siehe Forum Romanum 2
- Metrolinie B bis Colosseo

4 Kolosseum (Colosseo) ★★★ [I9]

Seit 2018 erstrahlt das Kolosseum nach der ersten Phase der umfangreichen Renovierungsarbeiten wieder ganz in Weiß. Ende 2023 soll die berühmte Ruine sogar einen neuen Boden erhalten. Die Luftverschmutzung in Rom hatte dem rund 2000 Jahre alten Gebäude schwer zugesetzt.

Der Bau wurde 72 n. Chr. unter Kaiser Vespasian begonnen. Acht Jahre dauerte es, bis das Amphitheater fertig war (*amphi* ist griechischen Ursprungs und bedeutet „herum"). 80 n. Chr. wurde es mit hunderttägigen Festspielen eröffnet. Die Arena war 48 m lang und 46 m breit, der

Besuchermagnet: die Ruinen des Kolosseums

Bau selbst maß 186 m in der Länge und war 156 m breit. Der Name Kolosseum ist übrigens nicht etwa ein Hinweis auf die riesigen Ausmaße des Gebäudes, vielmehr bezieht er sich auf die bronzeverkleidete Statue des Nero – den Kolossos – die bei Baubeginn an dieser Stelle stand.

Das Amphitheater bot 50.000 Schaulustigen Platz. Die **Platzaufteilung** wurde hierarchisch vorgenommen: Im ersten Stock saß der kaiserliche Hof mit den Staatsbeamten, Priestern und Priesterinnen, im zweiten die vornehmen Familien Roms, während im dritten und vierten Stock das gemeine Volk Platz nahm.

Unter der Arena lagen die Trainingsräume und Ankleidekabinen für die Gladiatoren mit den Käfigen der für die Spiele benötigten wilden Tiere. Das in der Arena aufgestellte Bronzekreuz erinnert daran, dass in der Kaiserzeit hier christliches Märtyrerblut vergossen worden ist.

Die Gladiatorenkämpfe, die hier stattfanden, waren ein ursprünglich von den Etruskern übernommenes Spektakel: Seine religiöse Bedeutung hatte es mit der Zeit weitgehend eingebüßt, an der Symbolik hielten die konservativen Römer aber fest: Derjenige, der die Aufgabe hatte, den unterlegenen Gladiatoren den Gnadenstoß zu geben, trat im Kostüm des Charon auf, des Fährmanns, der nach der Mythologie der Etrusker die Seelen der Toten in den Hades bringt.

› Piazza del Colosseo, https://parcocolosseo.it, geöffnet: Ende März–Aug. tgl. 9–19.15, Sept. tgl. 9–19, Okt. tgl. 9–18.30, Nov.–Febr. tgl. 9–16.30 Uhr. Letzter Einlass ist eine Stunde vor der Schließung, Eintrittspreise: siehe Forum Romanum 2
› Metrolinie B bis Colosseo

5 Domus Aurea ★★★ [J9]

Neros Palast wurde im 1. Jh. nach dem Brand der Stadt errichtet. Glaubt man zeitgenössischen Historikern, begrüßte den Besucher am Eingang von Neros Palast eine 35 Meter hohe Bronzestatue des exzentrischen Kaisers, der sogenannte Kolossos, nach dem später das an jener Stelle errichtete Kolosseum 4 benannt wurde.

Höhepunkt eines Rundgangs durch das Domus Aurea („Goldenes Haus") ist der achteckige **Speisesaal.** Nero wollte einen Palast errichten, der alles bis dahin in Rom gebaute in den Schatten stellen sollte. Eine Besichtigung ist Fr.–So. im Rahmen von Führungen auf Italienisch, Englisch und Spanisch möglich (Mai–Okt. Do. Spezialführungen, nur auf Italienisch). Die Führungen finden mithilfe von VR-Brillen statt, deren Projektionen einen guten Eindruck von der ehemals prunkvollen Ausgestaltung der Räume vermitteln.

› Viale della Domus Aurea 1, https://parcocolosseo.it, geöffnet: Fr.–So. 9–17, Mai–Okt. auch Do. 16–19 Uhr, Reservierung obligatorisch, Eintrittspreise: 16 €, EU-Bürger zwischen 15 und 18 Jahren 12 €, unter 6 Jahren frei

6 San Clemente ★★★ [J9]

Die Kirche von San Clemente befindet sich nur wenige Gehminuten vom Kolosseum entfernt und ist eines der eindrucksvollsten Gebäude Roms. Auf die Fundamente alter Häuser wurde immer wieder ein neues gesetzt – eine Zeitreise durch die Geschichte der Stadt.

Die von außen betrachtet eher nüchterne Kirche aus dem 12. Jh. hat eine überaus **prächtige Innenausstattung:** Der Triumphbogen

und die Apsis sind mit Mosaiken geschmückt, der Fußboden ist mit Marmorintarsien verziert. Die mittelalterliche Gestaltung des Innenraums gehört zu den wenigen noch erhaltenen Räumen dieser Epoche: Während der Renaissance und des Barock wurde alles Mittelalterliche in Rom vernichtet.

Über eine kleine Treppe führt der Weg in die **frühchristliche Unterkirche** aus dem 4. Jahrhundert. Während der Plünderung Roms durch die Normannen (1084) wurde das damalige Gotteshaus schwer beschädigt. Die Überreste des Gebäudes wurden aufgeschüttet und dienten als Fundament für die heutige Kirche.

Aber der Abstieg in die Vergangenheit geht noch weiter. Eine schmale Treppe führt hinab in ein **römisches Wohnhaus.** Sein interessantester Raum ist das Mithräum, in dem sich die Anhänger des Mithras-Kults versammelten, einer Modereligion, die im Rom der Kaiserzeit in ihrer Popularität durchaus mit den frühen Christen konkurrierte. Die zentrale Kulthandlung des Männerbundes war das Stieropfer.

› Geöffnet: täglich 9–12.30 Uhr und 15–18 Uhr, während der Heiligen Messe geschl., sonntags erst ab 12.15 Uhr geöffnet. Für die Unterkirche und das römische Wohnhaus unter der Kirche wird ein Eintrittspreis von 10 € erhoben, bis 16 Jahre Eintritt frei.
› Metrolinie B bis Colosseo

Palast der Superlative: Neros Domus Aurea

319ro Abb.: nw

7 Piazza di San Giovanni in Laterano ★★ [K10]

Um die Piazza di San Giovanni in Laterano gruppieren sich gleich drei bedeutende Gebäude.

Die namensgebende **Basilika San Giovanni in Laterano** ist eine der sieben römischen Pilgerkirchen. Übrigens ist nicht der Petersdom, sondern der Lateran die römische Bischofskirche, denn Sankt Peter gehört zum Vatikan, einem eigenständigen Staat. Im eher nüchternen Innenraum sind vor allem die 4,25 m hohen Apostelfiguren aus der Schule Gian Lorenzo Berninis sehenswert.

Viele Gläubige werden von der **Heiligen Treppe** angezogen, die sich in der Kirche SS. Salvatore della Scala gegenüber der Lateransbasilika befindet. Über diese Treppe soll Jesus zu seinem Prozess gegangen sein.

Der **Lateranspalast** (rechts neben dem Eingang zur Kirche) war fast 1000 Jahre lang (bis 1309) Amtssitz der Päpste. Seit 2021 ist der Palast zum ersten Mal seit über 50 Jahren wieder zugänglich. In dem neuen Museum sind unter anderem die ehemalige Papstwohnung und die päpstliche Privatkapelle zu sehen.

- Die Basilika **San Giovanni in Laterano** ist täglich von 7–18.30 Uhr geöffnet.
- **Heilige Treppe (Scala Santa),** Piazza di San Giovanni in Laterano 14, Mo.–Sa. 6–13.30, 15–18.30, So. 7–13.30, 15–18.30 Uhr
- **Lateranspalast (Palazzo Lateranense),** Piazza di San Giovanni in Laterano, Di.–Sa. ab 10.30 Uhr, Eintritt mit Führung 17,50 €, letzte Führung 14.30 Uhr, Samstag nur 10.30 Uhr

8 Die Kaiserforen ★★ [H8]

Die Kaiserforen wurden nach Christi Geburt angelegt. Den römischen Kaisern war das Forum Romanum 2*, das erste urbane Zentrum des alten Rom, zu klein geworden. Deswegen bauten sie sich eigene Foren, deren Ruinen heute noch einen Eindruck ihrer einstigen Pracht vermitteln.*

Die Faschisten ließen die **Via dei Fori Imperiali** in den Jahren 1931 bis 1933 anlegen. Mussolini träumte schon seit der Machtergreifung davon, einen Durchbruch vom Nationaldenkmal bis zum Kolosseum zu schaffen. Schlimme Folge für die Archäologen: Beim Bau der Prachtstraße wurden große Teile der Kaiserforen beerdigt. Auf der rechten Seite der Straße wurden von den damaligen Machthabern in Stein gehauene Karten angebracht, welche die Ausdehnung des römischen Weltreichs in verschiedenen Jahrhunderten zeigen.

Das Forum war **Lebensmittelpunkt der alten Römer.** Hier wurden Nahrungsmittel verkauft, es wurde Politik gemacht und Gericht gehalten. Von der Piazza Venezia aus kann man schon die mächtige **Trajanssäule** erkennen. Sie markierte die Mitte des **Trajansforums** und wurde 113 n. Chr eingeweiht. Auf der Säule wird der Feldzug des Kaisers Trajan gegen die Daker heroisiert, ein Volk, das einst im heutigen Rumänien lebte. Die Darstellungen verlaufen in einem Reliefspiralband, eine Methode, die in der Kaiserzeit weitverbreitet war. Am unteren Ende des Reliefs sind Kriegsvorbereitungen der Römer zu sehen, die Darstellungen enden mit der Vertreibung der Daker aus ihrer Heimat. Die sterblichen Überreste des Kaisers Trajan und seiner Frau wurden seinerzeit im Inneren der Säule beigesetzt.

Gut erhalten sind heute noch die **Trajanischen Märkte** hinter der Säule. In dem erhaltenen Halbrund der riesigen Anlage waren Geschäfte untergebracht, die alles verkauften, was die von den Römern besetzten Länder hervorbrachten. Gewürze aus dem Orient, Fische und Wildbret, Stoffe aus den asiatischen Provinzen. Vermutlich wurde hinter den Mauern der Trajanischen Märkte kostenlos Korn an die Bevölkerung Roms verteilt. Schließlich konnten die Herrscher Roms nichts weniger gebrauchen als soziale Konflikte in der Hauptstadt.

Wie bereits erwähnt sind große Teile der restlichen Foren von der Via Fori Imperiali überbaut worden. Erwähnenswert ist noch das **Forum des Augustus** auf der linken Seite.

› Metrolinie B bis Colosseo

9 Konstantinsbogen (Arco di Costantino) ★ [I9]

Unübersehbar direkt vor dem Kolosseum 4 steht der mächtige Konstantinsbogen. Letztendlich ist er ein Symbol für den Untergang Roms. 315 n. Chr., als das Weltreich schon in seinen letzten Zügen lag, wurde der Triumphbogen von Konstantin zur Erinnerung an den Sieg über seinen Gegenspieler Maxentius errichtet. Konstantin war überzeugt davon, dass er den Sieg nur deshalb errungen hatte, weil ihm vor der Schlacht Jesus Christus erschienen sei. Schon bald darauf ließ Konstantin das Christentum als Religion im Römischen Reich zu. Trotzdem befindet sich auf den Reliefs des Triumphbogens kein Hinweis auf das Christentum, vielmehr bediente man sich aus anderen Reliefs der Kaiserzeit und montierte Stücke davon in das Bauwerk hinein.

Die mächtige Trajanssäule auf den Kaiserforen diente auch als Grabmal des Herrschers – in der Basis befand sich eine goldene Urne mit Trajans Asche

Zwischen Via del Corso und Campo de' Fiori

Die heutige römische Altstadt war in der Antike das große Exerzierfeld Roms, wie auch der lateinische Name Campus Martius (Marsfeld), das dem Kriegsgott Mars geweihte Feld, belegt. Agrippa ließ das Gebiet kurz vor Christi Geburt durch die Anlage von Bädern und Gärten umgestalten. In den Gassen rund um den Korso wird das römische Leben immer mehr an den Rand gedrängt. Ein Großteil der Bewohner der Altstadt ist in den letzten Jahren wegen der hohen Mietpreise in die Außenbezirke Roms gezogen.

Unter den Päpsten wurde nach deren Rückkehr aus dem französischen Exil in Avignon (1377) aus dem gesamten Gebiet ein **kulturelles und wirtschaftliches Zentrum.** Die Via dei Banchi Nuovi etwa war im 15. Jahrhundert die Hochburg der Bankiers, die größtenteils aus den Städten Siena, Florenz und Genua stammten.

Die Altstadt wurde großzügig gestaltet: Die berühmtesten Bildhauer Europas (Michelangelo, Bramante) errichteten hier ihre Brunnen, Straßen und Kirchen, das Zeitalter der **Renaissance** (Wiedergeburt) war angebrochen. Ab dem 17. Jahrhundert kam der **Barock** immer mehr in Mode. Der Begriff stammt aus dem Portugiesischen und bezeichnet dort eine ungewöhnlich geformte Perle.

Der neue Stil prägte die Architektur in der römischen Altstadt so sehr, dass kaum ein Gebäude sich seinem Einfluss entziehen konnte. Bernini und Borromini hießen die großen Architekten dieser Epoche. Nach den Worten Berninis ist alles barock, „was in irgendeiner Weise kompliziert, müßig, launisch oder exzentrisch ist".

Das Nationaldenkmal an der Piazza Venezia (10) wird von den Römern gerne abfällig als „alte Schreibmaschine" bezeichnet

10 Piazza Venezia ★ [G8]

Dass es sich hier um keinen historisch gewachsenen Platz handelt, kann auch der romunkundige Besucher auf den ersten Blick erkennen. Die Piazza lädt nicht zum längeren Verweilen ein, durchflutet von lärmendem Autoverkehr wirkt sie eher abstoßend.

Ihren Eindruck als Fremdkörper verdankt die Piazza Venezia der italienischen Einigung. Nach dem Jahr 1870 suchten die Gründerväter des Königreichs nach einem passenden Ort, um der italienischen Einigungsbewegung, oder vielmehr dem Monarchen des Risorgimento, Vittorio Emanuele II., ein würdiges Denkmal zu setzen. Sie fanden den geografischen Mittelpunkt Roms am Palazzo Venezia 11 und entwarfen ein bombastisches Monument, den **Altar des Vaterlandes**, das zwischen 1885 und 1911 erbaut wurde: Der Nationalstaat hatte Besitz vom Zentrum ergriffen.

Heute befindet sich das Grabmal des unbekannten Soldaten auf dem Monument, das auch **Vittoriano** genannt wird, zu dem regelmäßig die Staatsbesucher geführt werden. Wenn auch die Römer das Bauwerk als hässlich empfinden, sie titulieren es abfällig als *la vecchia macchina da scrivere* (die alte Schreibmaschine), den Touristen scheint es zu gefallen, wie die vielen Reisebusse am Denkmal belegen. In dem Bauwerk befindet sich auch ein kleines Museum zur Geschichte der italienischen Einigung im 19. Jahrhundert.

Der Altar des Vaterlandes ist frei zugänglich, die **Terrasse**, von der aus man eine schöne Aussicht auf die Stadt hat, kostet allerdings Eintritt, genauso wie das **Museum** im Innern des Gebäudes. Es gibt ein **Kombiticket** für den Palazzo Venezia 11 und den Altar des Vaterlandes.

› Geöffnet: täglich 9.30–19 Uhr, Info unter Tel. 06 6991718
› Bus Nr. 40 bis Piazza Venezia

11 Palazzo Venezia ★★ [G8]

Von diesem Palast hat der Platz seinen Namen. Leider steht er heute nur noch im Schatten des Einigungsdenkmals.

Entstanden ist der Palazzo Venezia zwischen 1451 und 1491. Auftraggeber war Kardinal Pietro Barbo, der spätere Papst Paul II. (1464–1471). Er plante den Renaissancebau als **Residenz des Heiligen Stuhls.** Der Grund dafür lag in der Situation der Vatikanstadt nach der Rückkehr der Päpste aus dem Exil in Avignon (1305–1377). Die alte Residenz war vom Zentrum Roms abgeschnitten und bot einen ziemlich bedauernswerten Anblick. Um auch die weltliche Macht über die Stadt zurückzugewinnen, hielt es

MEIN TIPP

Rom von oben

Auf der Rückseite des „Altars des Vaterlands" (siehe links) befindet sich ein gläserner Aufzug, mit dem man auf eine Höhe von etwa 75 Metern gelangt. Es ist zwar kein günstiges Vergnügen (10 € werden mittlerweile für die Fahrt verlangt), aber es lohnt sich. Da das Nationaldenkmal mitten in der Stadt steht, hat man von hier aus einen einmaligen Ausblick auf das Forum Romanum 2, die Kaiserforen 8 und die römische Altstadt rund um die Via del Corso 12.

Man erreicht den Aufzug, indem man die Treppenstufen zum Denkmal hinaufgeht und dem Schild „Ascensore Panoramico" folgt (tägl. 9.30–18.45 Uhr).

Paul II. für geraten, das Zentrum der kirchlichen Macht in Rom selbst anzusiedeln. Allerdings blieb das Ganze nur eine Episode. Nach einem Mordanschlag auf den Papst zog sich Paul II. wieder hinter die sicheren Mauern des Vatikan zurück.

1594–1797 gehörte der Palazzo Venezia zur Republik Venedig, daher auch der Name. Während des Faschismus wurde er zum **Regierungssitz Mussolinis.** Wer einmal Filmausschnitte von seinen Jubelreden gesehen hat, wird den Balkon in der Mitte der Frontseite des Palazzo wiedererkennen. Mussolini bezog 1929 natürlich den größten der Säle im 1. Stock als Amtszimmer, *Sala del Mappamondo* genannt wegen der großen Weltkarte, die sich an einer der Wände befand.

Heute ist in diesem Palast das **Museo di Palazzo Venezia** untergebracht, das eine wertvolle Sammlung von Keramiken, Goldschmiedekunst und Waffen enthält.

320ro Abb.: nw

- Museo Nazionale di Palazzo Venezia, Via del Plebiscito 118, Tel. 06 32810, https://vive.beniculturali.it, geöffnet: 9.30–19.30 Uhr, letzter Einlass 18.45 Uhr. Für den Altar des Vaterlandes und das Museum im Palazzo Venezia gibt es ein **Kombiticket** für 12 € (Besucher zwischen 18 und 25 Jahren 2 €), das auch den Zugang zur Aussichtsterrasse auf dem Nationaldenkmal beinhaltet (vorab online buchbar).
- Bus Nr. 40 bis Piazza Venezia

12 Via del Corso ★★★ [G6]

Der Korso ist schon seit Jahrhunderten eine der Lebensadern Roms. Die Straße verbindet die Piazza Venezia mit der Piazza del Popolo. Der Spaziergang auf der breiten Prachtstraße gehört zu den wichtigsten Ritualen der Einheimischen.

Die Via del Corso hat Papst Paul II. im 15. Jahrhundert errichten lassen. Gedacht war sie zur Aufwertung seines geplanten Regierungszentrums als große Verkehrsader zwischen der Piazza del Popolo 21 und der Piazza Venezia 10. Der Papst ließ hier damals seine **Wagenrennen** abhalten.

Aber lassen wir uns von Goethe erzählen, wie es hier im 18. Jahrhundert ausgesehen hat: „Der römische Karneval versammelt sich in dem Korso. Diese Straße beschränkt und bestimmt die öffentliche Feierlichkeit dieser Tage. An jedem anderen Platz würde es ein anderes Fest sein. (...) Der Korso führt den Namen wie mehrere lange Straßen italienischer

Detailansicht des Reliefs an der Marc-Aurel-Säule – im Inneren verbirgt sich ein Treppenaufgang

Städte von dem Wettrennen der Pferde, womit zu Rom sich jeder Karnevalsabend schließt."

Die Quellen sprechen auch von ausladenden **Trink- und Essgelagen.** Das Konzept von „Brot und Spiele" war auch den Päpsten noch sehr willkommen.

Ein Spaziergang empfiehlt sich abends zwischen 18 und 19 Uhr. In dieser Zeit nehmen die zahlreichen einheimischen Fußgänger von der Straße Besitz. Der Korso ist eine **Flanierstraße,** bei der das Sehen und vielleicht noch viel mehr das Gesehenwerden eine große Rolle spielt. Alles ist ziemlich teuer; der Besucher sollte seinen Kaffee daher lieber in einer der Seitenstraßen westlich des Korsos einnehmen, um den Geldbeutel zu schonen. Nicht umsonst ist die Straße voll von Bettlern, die ein paar Brosamen von den wohlhabenden Flaneuren auf dem Korso erbitten.

Übrigens: Auf jeden Fall sollte man vorsichtig sein mit den vielen **Straßenhändlern,** die ihre kleinen Buden mit Getränken, Süßigkeiten und Kokosnüssen betreiben. Für den Preis, den man bei ihnen für ein Getränk bezahlt, kann man sich auch getrost in einem der vielen Straßencafés niederlassen.

13 Piazza Colonna ★ [G7]

Die Absperrungen und das große Polizeiaufgebot weisen schon darauf hin, dass sich auf der Piazza Colonna wichtige Sachen abspielen. Hier befindet sich der **Palazzo Chigi,** der Sitz des italienischen Ministerpräsidenten.

Die **Marc-Aurel-Säule,** die den Platz eindrucksvoll beherrscht, entstand zwischen 176 und 193 n. Chr. Sie ist einschließlich der Basis und der Statue auf der Spitze 42 Meter hoch. Das spiralförmig angelegte Relief rund um die Säule zeigt Szenen aus den Kriegszügen Marc Aurels gegen die Germanen. Die Details beschreiben eindrucksvoll das Leben im 2. Jahrhundert n. Chr., sind aber leider vom Fuß der Säule aus wegen ihrer Winzigkeit schlecht zu erkennen.

› Bus Nr. 62 bis Via del Corso

14 Goethemuseum (Museo di Goethe) ★ [G5]

Wer sich auf die Spuren Goethes begeben möchte, sollte Goethes früheren Wohnsitz in Rom besichtigen. In den Jahren 1786–1788 wohnte der Italienreisende bei dem Maler Tischbein in der Via del Corso. Hier entstand ein großer Teil seines berühmten Reisetagebuchs „Italienische Reise". Erst 1997 wurde das Museum, nur wenige Schritte von der Piazza del Popolo entfernt, wiedereröffnet.

› Via del Corso 18, Tel. 06 32650412, www.casadigoethe.it, geöffnet: Di.–So. 10–18 Uhr (Kasse bis 17.30 Uhr), Eintritt 6 €, Familien mit bis zu 3 Kindern 17 €, bis 10 Jahre frei

› Metro A bis Flaminio

15 Palazzo Montecitorio ★ [G7]

Geht man geradeaus über die Piazza Colonna hinweg, stößt man direkt auf den Palazzo Montecitorio, der seit 1871 **Sitz der italienischen Abgeordnetenkammer** ist *(Camera dei Deputati).* Der Palast wurde im Jahr 1650 von Bernini begonnen, aber erst 1744 von Carlo Fontana fertiggestellt.

Auf dem Platz vor dem Parlament steht ein **ägyptischer Obelisk** aus dem 6. Jh. v. Chr. Er wurde unter Augustus von Heliopolis nach Rom geschafft und war Teil der damals größten Sonnenuhr der Welt.

16 Ara Pacis ★ [F5]

Der **Friedensaltar** *(Ara Pacis)* wurde vom römischen Senat zwischen 13 und 9 v. Chr. zur Erinnerung an die Befriedung des Reiches durch Augustus geschaffen.

Über 70 Jahre lang war der mächtige Marmorblock nur von einem gläsernen Pavillon umgeben. 2006 wurde das von dem amerikanischen Architekten Richard Meier entworfene **Museum** rund um den Altar eröffnet, übrigens sehr zum Unmut der römischen Architekten, schließlich hätten einige von ihnen gerne selbst den Auftrag erhalten. Dies war übrigens der erste Neubau, der nach dem Untergang des italienischen Faschismus in der Altstadt errichtet wurde. Entstanden ist ein an die Bauhausästhetik angelehntes, für die Dimensionen des Ausstellungsstücks vielleicht etwas zu groß geratenes Gebäude, das aber den Marmoraltar auf angenehme Weise didaktisch ergänzt. Ein Teil des Museums steht für Wechselausstellungen zur Verfügung.

› Lungotevere in Augusta, www.arapacis.it, geöffnet: tägl. 9.30–19.30 Uhr, die Kasse schließt um 18.30 Uhr, 1.1., 1.5. und 25.12. geschl., Eintritt 10,50 € unter 25 Jahren 8,50 €
› Busse 70, 81, 117 bis Piazza Augusto Imperatore oder zu Fuß von der Piazza del Popolo (Metrohaltestelle A Flaminio)

17 Grabmal des Augustus ★★ [F5]

Der nur wenige Schritte vom Ara Pacis entfernte Rundbau ist der ganze Stolz von Archäologen und Stadtverwaltung. Das Mausoleum wurde vor mehr als 2000 Jahren von Kaiser Augustus noch zu Lebzeiten für sich und seine Familie in Auftrag gegeben.

Der Baustil des kreisrunden, monumentalen Gebäudes orientiert sich an **Grabhügeln**, wie sie damals bereits seit Jahrhunderten üblich waren. Fünf Mauerringe, von denen der äußere mit Marmor verkleidet war, umgaben einen Zylinder, der vermutlich nur die Urne des Augustus beherbergen sollte. Rundherum war das Grabmal mit Erde aufgeschüttet. Gekrönt wurde das Gebäude von einer Bronzestatue des Kaisers, die aber verschollen ist. Bis ca. 100 n. Chr. wurden noch weitere Familienmitglieder beigesetzt, vermutlich auch die Kaiser Caligula und Claudius.

Nach dem Niedergang des Römischen Reichs wurde das Mausoleum als **Kirche, Stadtburg und Garten** genutzt. Im 18. Jh. wurde die Ruine zu einem Theater umgebaut, im 20. Jh. schließlich versah man das Grabmal mit einem Aufbau sowie einem Dach und nutzte es als **Schauspiel- und Konzerthaus**, dessen Akustik als außergewöhnlich gut galt und bei Musikern in ganz Europa geschätzt war.

Während des Faschismus begann man das Mausoleum wieder in seinen ursprünglichen Zustand zu versetzen. Bedingt durch die Kriegswirren geriet das Projekt jedoch in Vergessenheit, das Mausoleum versank in einem Dornröschenschlaf.

Erst seit 2021 ist nach aufwendiger Restaurierung, die zum größten Teil von der Telefongesellschaft TIM finanziert wurde, das Grabmal wieder für die Öffentlichkeit zugänglich.

› Piazza Augusto Imperatore, Metro A bis Flamini, www.mausoleodiaugusto.it, geöffnet: Ende April–Sept. Di.–So. 9–19, Okt. Di.–So. 9–18.30, Nov.–Ende März Di.–So. 9–16, Ende März–Ende April Di.–So. 9–17 Uhr, Eintritt 5 €, Tickets nur online. Eine Führung ist inbegriffen, aber nur in italienischer Sprache.

321ro Abb.: nw

18 Pantheon ★★★ [F7]

Der besterhaltene Tempel aus römischer Zeit ist eines der berühmtesten Bauwerke der Welt und seit zwei Jahrtausenden fast unverändert geblieben. Die architektonische Meisterleistung gilt als die Mutter aller späteren Kuppelbauten.

Der Bau wurde von Marcus Agrippa, dem Schwiegersohn des Kaisers Augustus, in Auftrag gegeben und 27 v. Chr. vollendet, doch brannte das Gebäude schon im Jahre 80 n. Chr. ab. Das Pantheon in seiner heute noch zu bestaunenden Form ließ Kaiser Hadrian zwischen 120 und 125 n. Chr. errichten.

Die lateinische **Bronzeinschrift** unterhalb des Giebels bezieht sich auf den ursprünglichen Erbauer: „Marcus Agrippa, Sohn des Lucius, baute diesen Tempel, als er zum dritten Mal Konsul war.“ Das Pantheon beeindruckt besonders durch das **Firmament der Kuppel**, in der sich eine kreisrunde Öffnung für das Sonnenlicht befindet, das den Inneraum in ein geradezu magisches Licht hüllt. Agrippa weihte den Bau vermutlich den Planetengöttern, die durch das Firmament der Kuppel versinnbildlicht werden sollten.

Die ersten christlichen Kaiser verboten den heidnischen Kult im Pantheon. Benutzt wurde das Gebäude erst wieder, nachdem es Papst Bonifaz IV. am 1. November 609 (seitdem wird Allerheiligen an diesem Tag gefeiert) der Madonna und allen heiligen Märtyrern weihte. Zum Ende des 19. Jahrhunderts wurde das Pantheon zudem **Grabeskirche** für die italienischen Könige. Victor Emanuel II. und Umberto I. ruhen hier wie auch der Renaissancekünstler Raffael.

Die gewaltige Wirkung des Innenraums beruht auf seiner ausgewoge-

⌃ Seit zwei Jahrtausenden beeindruckt der monumentale Innenraum des Pantheon 18 die Besucher

MEINE TIPPS

Die goldene Tasse

Ausgezeichneten Kaffee mit der typisch italienischen „crema“ gibt es im **Tazza d'oro** (Goldene Tasse) schräg gegenüber dem Pantheon. Hausspezialität im Sommer: Granita di Caffè (zerschlagene Eiswürfel mit Kaffee und Sahne). In dem rustikalen Lokal werden die vielen verschiedenen Kaffeesorten auch als Souvenir zum Verkauf angeboten (s. S. 91).

Kaffeepause

In der **Bar San Eustachio** wird der Kaffee in einer derartig festen Konsistenz serviert, dass man denkt, man würde eine Praline essen (s. S. 90).

Papierkram vom Feinsten

In diesem wundervoll altmodischen Laden findet man schöne Papierwaren, vor allem Notizbücher, Taschenkalender und edle Schreibhefte.

2 [F7] **Cartoleria Pantheon,** Via della Maddalena 41, geöffnet: Mo.-Sa. 10.30-20 Uhr, sonntags ab 11 Uhr

nen und durchdachten architektonischen **Gliederung:** Höhe und Durchmesser haben identische Maße (43,20 m), wobei die Wände des Zylinders, auf dem die Kuppel ruht, und der Radius der Halbkugel die Hälfte des Durchmessers ausmachen (21,60 m).

› https://pantheon.cultura.gov.it, Öffnungszeiten: Mo.-Sa. 9-19.30, So. und feiertags 9-18 Uhr. An Wochenenden und Feiertagen erfolgt der Zutritt nur über eine kostenlose Onlinereservierung.
› Bus 119 bis Piazza della Rotonda

Roms Wohnzimmer: die Piazza Navona

19 Piazza Navona ★★★ [F7]

Der berühmte Platz wird gerne als Roms „gute Stube“ bezeichnet. In überschäumendem Barock gestaltet, ist er wirklich das Aushängeschild Roms, und das hat Tradition. Schon immer diente der Platz der Belustigung der Römer.

Ihre eigentümliche ovale Form verdankt die Piazza Navona nämlich dem **Stadion des Kaisers Domitian** (81-96 n. Chr.), einem der fleißigsten Bauherren des alten Rom. Das Stadion wurde noch bis ins 13. Jahrhundert für Sport und Spiel genutzt.

Dominierend und weltberühmt ist der Brunnen in der Mitte des Platzes, der 1651 fertiggestellte **Vierströmebrunnen** *(Fontana dei Fiumi)*, eine der wichtigsten Arbeiten Gian Lorenzo Berninis. Die vier jeweils durch eine Steinfigur dargestellten Flüsse Ganges, Nil, Donau und Rio de la Plata sind die größten Flüsse der zur Zeit der Fertigstellung des Brunnens bekannten vier Kontinente. Damit demonstrierte die Kirche unzweideutig ihren universellen Machtanspruch.

Im Rom des 17. Jahrhunderts gab es allerdings fast einen Aufstand wegen der hohen Kosten, die der Bau des Brunnens verschlungen hatte. Sondersteuern, unter anderem auf Brot, wurden erhoben.

Der römische Volksmund behauptet, und dies mit unerschütterlicher Gewissheit, die Figur, die den Nil darstellt, würde ihr Gesicht bedeckt halten, weil sie den Anblick der von Borromini gestalteten **Kirche San Agnese** nicht ertragen könne – eine Anspielung auf die Rivalität zwischen Bernini und Borromini. Die Geschichte ist zwar schön, kann aber leider nur eine Legende sein, weil die Kirche erst später erbaut wurde. In Wirklich-

Meine Tipps

Preiswertes Eis

Wer nicht die oft völlig überzogenen Preise für Eis bezahlen möchte, geht in die Gelateria della Palma, wo das Publikum zwar nicht ganz so exklusiv ist, das Eis aber genauso gut schmeckt.

3 [F7] **Gelateria della Palma,** Via della Maddalena 19/23, www.dellapalma.it

Milchshakes zum Träumen

In dem seit 1915 existierenden Familienbetrieb **Da Quinto** werden nach Meinung vieler Römer die besten Milchshakes und Obstsalate zubereitet, aber auch das Eis ist exzellent (s. S. 91).

keit ist der Kopf des Nils verhüllt, weil man seine Quelle damals nicht kannte, und der Rio de la Plata hebt seine Hand zum Schutz gegen die brennende Sonne Südamerikas.

Gerne werden die beiden anderen Brunnen auf dem Platz übersehen. Das Nordende des Platzes schmückt die **Fontana del Nettuno** (Neptunbrunnen), die den Meeresgott Neptun im Kampf mit einer Seeschlange zeigt. Am südlichen Ende des Platzes steht die **Fontana del Moro,** deren zentrale Figur ebenfalls einen Meeresgott darstellt. Der Name bezieht sich wahrscheinlich auf den Bildhauer Antonio Mori, der einen Delfin nach den Entwürfen Berninis hinzufügte.

Von Anfang Dezember bis zum 6. Januar, dem Dreikönigstag, der in Italien *Befana* (Hexe) genannt wird, findet auf der Piazza Navona jedes Jahr ein **Weihnachtsmarkt** statt.

Wer die Piazza Navona besucht, sollte bedenken, dass sämtliche Cafés rundherum sündhaft teuer sind.

› Busse 30, 62, 70, und 81 bis Corso del Rinascimento

20 Campo de' Fiori ★★★ [F8]

Das Leben auf dem Campo de' Fiori kommt nie zum Erliegen. Tagsüber findet hier Roms wohl bekanntester, aber auch teuerster Gemüsemarkt statt, nach Einbruch der Dunkelheit ist der Platz rund um das Denkmal eines von der Kirche hingerichteten Mönchs einer der beliebtesten Treffpunkte der Nachtschwärmer.

Der Campo de' Fiori ist noch immer ein **Platz des römischen Volkes,** viel mehr als die herausgeputzte Piazza Navona. Die Häuser rundherum tragen die Patina längst vergangener Zeiten, die Anordnung der Gebäude wirkt ungeplant, geradezu chaotisch. Das **Denkmal** in der Mitte des Platzes zeigt **Giordano Bruno,** den Ketzer. Er wurde hier im Jahr 1600 von den Schergen des Vatikans lebendig verbrannt, weil er sich weigerte, seine Überzeugungen, die dem Unfehlbarkeitsanspruch der Kirche widersprachen, öffentlich zu widerrufen. Die Enthüllung des Denkmals 1887 war eine politische

726ro Abb.: ©Nicola Forenza, stock.adobe.com

Meine Tipps

Treffpunkt mit internationalem Flair

4 [E7] **Barnum Café,** Via del Pelegrino 87, www.barnumcafe.com, geöffnet: Mo.–Sa. 8–16 Uhr. Einer der wenigen Treffpunkte, dessen Einrichtung internationales Flair versprüht. Ausgezeichnetes Frühstück und guter Mittagstisch. Viele ausländische Gäste.

Hausgemachte Liköre

5 [E7] **La Boutique del Limoncello,** Via del Governo Vecchio 94, https://la-boutique-del-limoncello.business.site. Hausgemachte Liköre aller Art, am bekanntesten ist der aus Zitronen hergestellte Limoncello, aber auch der Mandarinenlikör aus heimischen Früchten ist eine Sünde wert.

Demonstration des liberalen Italien gegen den Vatikan. Seitdem wird die Statue von den Linken in Rom als Symbol für ein aufgeklärtes, freidenkerisches Menschenbild angesehen. 1975 fand hier die Trauerfeier für den ermordeten Dichter, Schriftsteller und Filmemacher Pier Paolo Pasolini statt.

Nach der Verbrennung Giordano Brunos wurde der Campo regelmäßig als **Hinrichtungsstätte** benutzt, woran die enge Via della Corda (Straße des Stricks), die vom Platz hinunter zum Tiber führt, noch heute erinnert.

Zu Cäsars Zeiten lag der Campo weit außerhalb der Stadt. Pompejus, Cäsars Rivale, ließ hier das **erste Marmortheater Roms** errichten. Im Mittelalter geriet die sumpfige Gegend in der Tiberschleife völlig in Vergessenheit, der heutige Name erinnert noch daran – *Campo de' Fiori* heißt Blumenacker. Auch der Campo erblühte erst wieder nach der Rückkehr der Päpste aus dem Exil in Avignon. Im 15. Jahrhundert befand sich hier das **Zentrum des wiedererwachenden Roms.**

Während der **Studentenrevolte** 1968 war der Campo Schauplatz von Auseinandersetzungen zwischen Polizei und Studenten. Eine Tafel in der Via degli Specchi erinnert daran, dass hier ein Student dem Schuss eines Ordnungshüters zum Opfer fiel: „Hinweggerafft vom Blei des Staates, während er seinen Klassenhass gegen die bürgerliche Justiz manifestierte", steht da in Goldlettern.

Zwischen den Jahren 2000 und 2020 haben **20.000 Anwohner das Zentrum verlassen**, besonders viele das Gebiet um den Campo. Das Schema trifft auf viele europäische Städte zu: Steigende Bodenpreise verleiten Imobilienbesitzer zum Verkauf, die neuen Eigentümer sind meist wohlhabende Ausländer oder Investoren. Es entstehen Büros und Touristenunterkünfte. So verlieren die Stadtviertel zunehmend ihre Urbanität und immer mehr Menschen ziehen weg.

1960 waren an jedem Werktag noch 130 **Marktschirme** auf dem Campo zu sehen, heute sind es gerade 20. Immer weniger Einheimische kaufen hier ein, und dann nur Obst und Gemüse, das zwar teuer, aber immerhin sehr frisch ist.

Am Abend wird der Campo jedoch zu einem der wichtigsten Treffpunkte für Römer und Touristen. Die Kneipen rund um den Platz sind dann hoffnungslos überfüllt. Am besten holt man sich ein Getränk „to go" und stellt sich auf den sparsam beleuchteten Platz.

- Bus Nr. 40, 46, 62 oder 64 bis Corso Vittorio Emmanuele II.
- **Markt** geöffnet: Mo.–Sa. 7–14 Uhr

Zwischen Piazza del Popolo und Fontana di Trevi

Das Gebiet zwischen der Piazza del Popolo und dem Quirinalspalast ist, zumindest für die Touristen, der Mittelpunkt Roms, vor allem wegen des goldenen Dreiecks zwischen der Via del Babuino, der Via del Corso und der Via del Tritone. Hier liegen die schicken römischen Geschäfte, es gibt genügend Gelegenheit, dem Kaufrausch zu verfallen, allein die hohen Preise machen es manchem leicht zu verzichten.

So ist es nicht verwunderlich, dass die Geschäftsleute das **Verbot des Autoverkehrs** im historischen Zentrum begrüßten – schließlich kauft es sich besser, wenn mannicht von Abgasen belästigt wird: Das goldene Dreieck zwischen der Via Condotti, der Piazza di Spagna und der Piazza del Popolo ist eine Fußgängerzone.

Parkliebhaber sollten sich einen Spaziergang über den **Pincio** oberhalb der Piazza del Popolo und gleich daran anschließend durch den **Park der Villa Borghese** bis hin zur Via Veneto nicht entgehen lassen. Vor allem Familien mit Kindern werden froh sein, dem Lärm und der Hektik der italienischen Hauptstadt für ein paar Stunden zu entkommen. Im Park der Villa Borghese gibt es einen See, auf dem man mit dem Ruderboot fahren kann, einen Streichelzoo und noch viele andere Freizeitmöglichkeiten.

An den Parkbesuch lässt sich ein Besuch der **Spanischen Treppe** und der **Fontana di Trevi**, des berühmten Brunnens, in dem sich Anita Ekberg in Fellinis bekanntem Film „La dolce vita" Abkühlung verschaffte, anschließen.

Mein Tipp

Das römische Judenviertel

In den alten Gassen zwischen der Piazza Mastai und dem Tiberufer gibt es nichts von dem zu sehen, was der Plan des Touristen als zwingend vorschreibt. Trotzdem hat das Viertel eine besondere Atmosphäre und nirgendwo in Rom ist der Hauch der Vergangenheit so gut zu spüren.

Das Stadtviertel heißt heute Rione Sant'Angelo. Im 16. Jh. wurde hier eines der ersten Judengettos in Italien errichtet. Rund um den Bezirk wurde eine Mauer gebaut, deren zwei Tore bei Sonnenaufgang geöffnet und bei Sonnenuntergang geschlossen wurden. Erst 1870, als das Königreich Italien gegründet wurde, verfügte der junge Nationalstaat die Aufhebung des letzten Gettos. Heute leben noch etwa 400 Juden in den verwinkelten Gassen mit den verwitterten Hausfassaden. In Rom ist der Rione Sant'Angelo heute berühmt für seine hervorragenden Restaurants. Im **Giardino Romano** beispielsweise werden die typischen, auf jüdische Art zubereiteten Artischocken serviert (s. S. 87).

Leckermäuler sollten sich nicht von den langen Schlangen vor der jüdisch-römischen **Bäckerei Boccione** an der Piazza Costaguti abschrecken lassen. Es lohnt sich zu warten (s. S. 90).

022ro Abb.: fs

21 Piazza del Popolo ★★ [F4]

Die Piazza del Popolo ist das Eingangstor zur römischen Innenstadt. Für Bildungsreisende und Pilger war der Platz bis in das 19. Jh. das erste, was sie von Rom zu sehen bekamen.

Der Platz wurde unter Papst Sixtus V. (1585–1590) erweitert – dies vor allem aus Repräsentationsgründen. Die Via Cassia und die Via Flaminia, die großen Verbindungsstraßen des Römischen Imperiums, hatten die aus dem Norden in die Stadt einreisenden Besucher zuerst auf die Piazza del Popolo geführt. Ein Tourist aus dem 18. Jahrhundert schrieb: „Nichts vermittelt eine bessere Vorstellung von der Großartigkeit Roms, als dieser erste Anblick, den die Stadt dem Ankömmling bietet." Diese Bedeutung hat der Platz durch den Bau des Bahnhofs und den Einzug der modernen Verkehrsmittel mit der Zeit verloren: Heute kommen die Touristen aus allen Himmelsrichtungen in die Stadt.

An der Piazza del Popolo liegen die **Zwillingskirchen Santa Maria dei Miracoli und Santa Maria in Monte Santo,** die Carlo Rainaldi 1660 fertigstellte. Dem Stadttor selbst, der Porta del Popolo, haben zwei einflussreiche Papstfamilien der Renaissance ihren Stempel aufgedrückt: Die sechs Kugeln auf dem Tor (ein Werk von Bernini) symbolisieren die Medici, der Stern darüber die Familie der Chigi.

Für die Römer ist die Piazza del Popolo immer noch einer der **beliebtesten Treffpunkte.** In jeder Silvesternacht findet hier ein Livekonzert statt, das von vielen jungen Römern besucht wird. Das berühmte Caffè Rosati an der Ecke Via Ripetta haben die Touristen den Römern allerdings abspenstig gemacht; früher ein Treffpunkt der Einheimischen, ist es heute leider nur noch ein ärgerlich teurer Ort.

Wer die Piazza del Popolo aufsucht, sollte auf jeden Fall auf den **Pincio** hinaufsteigen. Von dem kleinen Hügel aus hat man **einen der beeindruckendsten Blicke auf die Stadt.** Romantische Geister sollten sich den Sonnenuntergang nicht entgehen lassen, den man von hier oben besonders gut beobachten kann.

› Metrolinie A bis Flaminio

22 Villa Borghese ★★★ [I4]

Hier ist Roms grüne Lunge, wo man die Seele baumeln lassen kann. Aber nicht nur das: In einer Villa im Park befindet sich eine der berühmtesten Kunstsammlungen Europas.

Wer den Pincio weiter hinaufsteigt, gelangt nach ca. 15 Min. in den **Park der Villa Borghese,** einer der beliebtesten Freizeitparks in Rom. In dem ursprünglich von Hagenbeck konzipierten **Zoo,** der heute *Bioparco* heißt, haben die Tiere viel Auslauf und werden artgerecht gehalten. In der großzügigen Parkanlage an der Villa Borghese kann man mal wieder durchatmen, schließlich ist die Luft in der römischen Innenstadt nicht die beste. Mit einem **Zug** können Groß und Klein eine Rundfahrt entlang des künstlichen Sees unternehmen. Wer möchte, kann ein Ruderboot mieten.

Sonntags strömen die römischen Familien in den Park. Da gibt es dann einen Puppenspieler zu bestaunen und römische Väter, die mit ihren Kindern Fußball spielen.

In der **Galleria Borghese** ist eine der berühmtesten Kunstsammlungen Europas zu sehen. Sie umfasst Meisterwerke aus dem 16. und 17. Jh., darunter bedeutende Arbeiten von Raffael, Caravaggio, Tizian und Bernini.

Wer weiter in Richtung Via Veneto läuft, vorbei an den Statuen von Dichtern wie Gogol, Lord Byron und Puschkin, die alle Rom besucht haben, gelangt nach zehn Minuten zu einem Teilstück der Aurelianischen Mauer, die im 3. Jh n. Chr. errichtet wurde.

› **Galleria Borghese,** Piazzale Scipione Borghese 5, http://galleriaborghese.beniculturali.it, geöffnet: Fr.-Mi. 9-19, Do. 9-21 Uhr, letzter Einlass 17 Uhr, Do. 19 Uhr, Eintritt 15 €, erm. 4 €, mit Führung 23/12 €, eine Online-Reservierung ist unbedingt erforderlich. Empfehlenswert ist der Audioguide (5 €).

› Metro A bis Barberini, von dort aus mit dem Bus 63 (Richtung Rosselini) bis Haltestelle Museo Borghese

23 Via Veneto ★ [H6]

Entlang der in sanften Schwüngen verlaufenden Straße waren in den 1950er-Jahren die Bars der Schickeria untergebracht, die Schauplätze des *dolce vita.* Die Straße hat leider viel von ihrem Glanz verloren. Der Tourismus hat dem besonderen Charme der Via Veneto schwer zugesetzt. Das **Hotel Excelsior,** in dem Filmstars aus aller Welt ein- und ausgingen, kündet alleine noch vom einstigen internationalen Zentrum der besseren Gesellschaft. Alles auf der Via Veneto ist sündhaft teuer, die exklusiven Boutiquen genauso wie die Restaurants und Bars. Außerdem befinden sich hier einige Kioske mit einem mehrsprachigen Angebot von Zeitungen und die amerikanische Botschaft. Die Restaurants und Cafés entlang der Straße haben oft Glaspavillons auf dem Bürgersteig eingerichtet. Von hier kann man auch in der kalten Jahreszeit das Leben auf der Straße beobachten.

323ro Abb.: nw

24 Piazza Barberini ★★ [H6]

In der Mitte der Piazza Barberini erhebt sich der **Tritonbrunnen** *(Fontana del Tritone),* der ebenfalls ein Werk Berninis ist (1637 vollendet). Vier Delfine halten das Wappen der Papstfamilie Barberini mit den drei Bienen, das auf so vielen Werken Berninis zu sehen ist. Aus einer Muschelschale wächst ein Meeresgott (Triton) hervor, der aus einer zweiten Schale Wasser trinkt.

Im von Bernini 1633 vollendeten **Palazzo Barberini** befindet sich die überaus sehenswerte italienische **Nationalgalerie** *(Gallerie Nazionali*

Detail an Berninis Tritonbrunnen

Barberini Corsini: Palazzo Barberini) mit den Gemälden von Raffael, El Greco, Tintoretto, Tizian, Hans Holbein und Caravaggio, um nur einige zu nennen (s. S. 81).

- Geöffnet: Di.–So. 8.30–19 Uhr (Ticketverkauf bis 18 Uhr) Eintritt 12 €, EU-Bürger 18–25 Jahre 2 € (Vorbestellung unter www.ticketone.it). Das Ticket gilt auch für die Villa Corsini in Trastevere (s. S. 81).
- Metrolinie A bis Barberini

25 Fontana di Trevi ★★★ [H7]

Plötzlich öffnet sich aus dem Gewirr der Gassen die Piazza di Trevi, auf der sich der gleichnamige berühmte Barockbrunnen befindet. Die Fontana di Trevi zählt allein schon wegen der weltberühmten Filmszene aus **Fellinis „La dolce vita"** noch heute zu den beliebtesten, aber leider auch chronisch überfüllten Sehenswürdigkeiten Roms. Über sechzig Jahre ist es mittlerweile her, dass in einer heißen römischen Sommernacht die schwedische Schauspielerin Anita Ekberg, begleitet von Marcello Mastroianni, in Abendgarderobe in den Trevibrunnen stieg.

Abgesehen davon ist der prächtige Brunnen aber auch wirklich sehenswert. Nicola Salvi arbeitete fast 20 Jahre an dem 20 m breiten und 26 m hohen barocken Meisterwerk – kurz vor seiner Vollendung verstarb er. Die Fontana di Trevi zeigt das Königreich des Ozeans, in der Mitte den Meeresgott Neptun umgeben von einer kunstvoll-real gestalteten Klippenlandschaft. Der Name *trevi* leitet sich wahrscheinlich von dem Ausdruck *tre vie* ab, der sich auf die drei auf die Piazza mündenden Straßen bezieht.

- Metrolinie A bis Barberini oder Bus Nr. 62 bis Largo Chigi

26 Santa Maria Maggiore ★★★ [J7]

Die frühchristliche Basilika gehört zu den prächtigsten Kirchen Roms.

Die der Marienverehrung gewidmete Pilgerkirche ist bereits im 4. Jahrhundert entstanden. Einer populären Legende nach soll in einer Augustnacht des Jahres 352 Papst Liberius die Madonna erschienen sein. Sie befahl ihm, dort eine Kirche zu errichten, wo am nächsten Morgen Schnee fallen würde. In der Tat, so die Legende, lag am nächsten Tag, dem heißen Sommerwetter zum Trotz, Schnee auf dem Esquilinhügel. Noch heute schneit es jedes Jahr am 5. August, allerdings handelt es sich dann um künstlichen Schnee aus einer Schneekanone, die vor der Kirche steht.

Weltberühmt sind die Mosaiken, insbesondere in der Apsis der Basilika die Krönung der Jungfrau Maria aus dem 13. Jahrhundert.

Vierzig antike Säulen, Bauschutt aus dem untergegangenen kaiserlichen Rom, tragen die kostbare Kassettendecke, die 1493–98 angeblich mit dem ersten Gold geschmückt wurde, das aus Amerika nach Rom gelangte. Im 17. und 18. Jahrhundert wurde die Kirche mit massiven barocken Elementen umgebaut. Die Vorhalle etwa und die rückseitige Freitreppe sind im Barockstil gehalten.

In der sehenswerten Capella Sistina liegen die Päpste Pius V. und Sixtus V. begraben. Lediglich eine unscheinbare, in den Boden eingelassene Steinplatte rechts neben dem Hauptaltar erinnert an das Grab des Erbauers so vieler prächtiger Gebäude in Rom, Gian Lorenzo Bernini.

- Geöffnet: täglich 7–19 Uhr
- Metrolinie A und B bis Termini (Hauptbahnhof)

710ro Abb.: © jon_chica, stock.adobe.com

27 Piazza di Spagna, Spanische Treppe ★★★ [G5]

Generationen von Touristen aus aller Welt galt eine Romreise als unvollendet, wenn man nicht zumindest einmal auf den Stufen der Spanischen Treppe gesessen hatte. Seit 2019 ist das jedoch Vergangenheit: Unter Androhung einer hohen Geldstrafe ist es verboten, sich auf der weltberühmten Treppe niederzulassen.

MEIN TIPP

Wo schon Goethe Kaffee trank

Im **Antico Caffè Greco** haben schon Goethe und Schopenhauer ihren Kaffee genossen. Bereits seit 1750 existiert das nur wenige Schritte von der Spanischen Treppe entfernte Kaffeehaus (s. S. 90).

Vor allem die wohlhabenden Engländer entdeckten auf ihrer „grand tour", der klassischen Bildungsreise des Bürgertums, die **Spanische Treppe**, die eigentlich *Scalinata di Trinità dei Monti* heißt. Sie erhielt ihren Namen von der Residenz des spanischen Botschafters im Vatikan, die ganz in der Nähe liegt. 1725 wurde die Treppe von dem Architekten Francesco de Santis fertiggestellt. Sie ist eine Studie über den Rhythmus in der Architektur, eine Ekstase der Stufen: gehemmte und wieder beschleunigte Schwünge, die zum Verweilen einladen, um sogleich wieder in die Höhe zu führen. Insgesamt 173

Beliebtes Touristenziel: die Spanische Treppe 27

Stufen, die mal konvex, mal konkav geschwungen oder auch nur gerade sind. Die Treppe führt hinauf zum **Park der Villa Borghese** 22.

Der Brunnen vor der Treppe, **Fontana della Barcaccia**, hat die Form eines Schiffes. Er wurde von Pietro Bernini, dem Vater Gian Lorenzos, 1629 fertiggestellt. Eine Legende besagt, der Künstler sei auf die Idee gekommen, den Brunnen zu bauen, als bei einer Tiberüberschwemmung ein hierher getragenes Boot auf dem Platz zurückgeblieben sei.

Die Kirche auf der Treppe, **Trinità dei Monti**, ist eine französische Gründung aus dem Jahre 1585. Eigentlich wollte sich der Sonnenkönig Ludwig XIV. vor der Kirche mit einem Reiterstandbild verewigen. Allein die Päpste duldeten eine derartige Demonstration der französischen Schutzmacht nicht. Immer noch wird hier aber nichtsdestotrotz jeden Sonntag um 11 Uhr ein Gottesdienst in französischer Sprache abgehalten.

Der **Obelisk** vor der Kirche stammt zwar aus Ägypten, die Hieroglyphen wurden jedoch erst in der Antike von einem Römer hinzugefügt. Der allerdings konnte kein Ägyptisch, der „Text" ist daher ein sinnfreies Fantasieprodukt.

Am Fuß der Spanischen Treppe (von oben gesehen gleich auf der linken Seite) liegt das **Keats-Shelley-Museum**, das Handschriften und Porträts der englischen Dichter und auch ihres rombegeisterten Kollegen Lord Byron ausstellt. Das Museum erzählt viel von der romantischen Rombegeisterung einer ganzen Epoche.

› Metrolinie A bis Spagna

6 [G6] **Keats-Shelley House,** Piazza di Spagna 26, Tel. 06 6784235, https://ksh.roma.it, geöffnet: Mo.–Sa. 10–13 und 14–18 Uhr, Eintritt 6 €

Monti

Seit Beginn dieses Jahrhunderts entwickelt sich Monti langsam aber stetig zu **einem der angesagtesten Viertel Roms.** Bis vor etwa 20 Jahren war das Gassengewirr neben dem Kolosseum 4 den kleinen Leuten vorbehalten, die noch den uralten Dialekt der italienischen Hauptstadt, das „Romaesco", pflegten.

Mittlerweile haben die Hipster den Stadtteil übernommen. Nirgendwo in Rom gibt es eine derartige Vielfalt von **veganen und vegetarischen Streetfood-Läden, Restaurants und Bars, Design- und Kunstgalerien,** die oft von jungen Menschen betrieben werden. In den Lokalen wirkt alles ein wenig improvisiert, ein neues Rom präsentiert sich da, das nur noch wenig mit den alteingessesenen Trattorien und ihren knorrigen Kellnern im restlichen Stadtgebiet zu tun hat. Am

Mein Tipp

Liebe auf den zweiten Blick: richtig gute Pizza und Pasta

Die Einrichtung scheint, als habe sich ein Innendekorateur mit schmalem Budget überlegt, wie sich der Gast eine typisch römische Trattoria vorstellt: Von der Decke baumeln verstaubte Plastikschinken und die dunkle Holzvertäfelung bedürfte dringend einer Renovierung. Vom nicht ganz authentischen Äußeren sollte man sich aber nicht abschrecken lassen, das Essen lässt nichts zu wünschen übrig: hauchdünne, knusprige Pizza und die typisch römischen Pastagerichte *(Amatriciana, Caccio e pepe* etc.), alles hervorragend zubereitet und zu fairen Preisen. Am besten reservieren!

7 [I8] **Trattoria al Tettarello,** Via dei Capocci 4, Tel. 06 4742130, geöffnet: tägl. 12–23 Uhr

Abend, vor allem am Wochenende, ist es rund um die **Piazza della Madonna dei Monti** [I8], dem Herzstück des Viertels, so voll, dass kaum ein Durchkommen ist.

MEIN TIPP

Vintage-Klamotten

Viele besuchen Monti allein wegen seiner vielen Vintage-Geschäfte, denn nirgendwo in Rom kann man so gut gebrauchte Kleidungsstücke günstig kaufen. Die meisten Läden befinden sich in dem Gebiet zwischen der Via Urbana, der Via Leonina und der Via dei Serpenti.

- 8 [I8] **L'armadio di Oliver,** Via degli Zingari 54c, www.armadiodioliver.com. Auch für Kinder gibt es einen Secondhandladen. Die dänische Inhaberin Claudia lebt seit vielen Jahren in Rom. Nach der Geburt ihres Sohnes Oliver hat sie beschlossen, in Monti gebrauchte teure Edelmarken zu vernünftigen Preisen anzubieten. In dem Laden gibt es eine Spielecke und die Ware ist in einem sehr guten Zustand.
- 9 [I8] **Le vesti di Messalina,** Via Leonina 24, www.facebook.com/levestidimessalina. Wundervoll chaotischer Laden, nur wenige Schritte von der Metrostation Cavour entfernt. Es gibt eine große Auswahl an klassischen Trenchcoats für Damen und Herren von Burberry zu sehr günstigen Preisen sowie Levis-und Diesel-Jeans in sehr gutem Zustand ab 20 €.
- 10 [I8] **Pifebo,** Via dei Serpenti 135, www.pifebo.com, geöffnet: tägl. 11–20 Uhr. Alteingesessener Secondhandladen mit einer großen Auswahl für Damen und Herren. Alle nur erdenklichen Marken, viele Sonnenbrillen.

604ro Abb.: fs

Da Hipster gerne Bärte tragen, gibt es überdurchschnittlich viele **Friseure** in Monti, die einen speziellen Bartservice anbieten. Viele Restaurants sind im Vintage-Stil gehalten. Teure Boutiquen sind hier Mangelware, dafür gibt es viele Secondhandläden, in einem von ihnen werden gebrauchte Klamotten sogar kiloweise verkauft.

Kurzum: Monti hat mit seinen hippen Bioläden, alternativen Restaurants, Sushibars und Treffpunkten **Trastevere und dem Campo de' Fiori den Rang abgelaufen.** Damit hat aber auch eine Gentrifizierung eingesetzt, von der die Alteingesessenen nicht immer begeistert sind. Die Immobilienpreise sind in den vergangenen Jahren deutlich angestiegen und überhaupt

Ein Dorf mitten in Rom: die Via della Madonna dei Monti [H8]

603ro Abb.: fs

ist Monti ein **teurer Stadtteil**, ein Glas Hauswein beispielsweise kostet überall 6 €. Auffällig sind die vielen Plakate, auf denen Wohnungen zum Verkauf angeboten werden. Vielleicht will der eine oder andere mit seiner heruntergekommenen Wohnung einen guten Preis erzielen und an den preisgünstigeren Stadtrand ziehen.

Monti ist **eines der ältesten Stadtviertel Roms** und wird seit Cäsars Zeiten als IV. Rione, als viertes Innenstadtviertel, bezeichnet. Damals war es ein verrufenes, von niederen Ständen bewohntes Gebiet. Wo sich heute die gewaltige **Pilgerkirche Santa Maria Maggiore** 26 erhebt, lag einst der Huren- und Sklavenfriedhof. Angeblich soll Kaiser Nero gerne inkognito durch Montis dunkle Gassen spaziert sein, um zu erfahren, wie das Volk über seine Herrschaft denkt.

Nach der Vereinigung Italiens im 19. Jahrhundert wurden von den Stadtplanern zwei gewaltige Prachtstraßen angelegt, die Via Nazionale [H8/I7] und die Via Cavour [I8/J7]. Dadurch wurde die gewachsene Struktur des Stadtviertels zerschlagen. Wenn man heute von der lauten Via Nazionale in die hügelige Via Panisperna [H8] abbiegt, hat man den Eindruck, ein altes italienisches Dorf zu betreten.

28 Via Urbana ★★ [I8]

An der kerzengeraden Straße reihen sich die unterschiedlichsten Geschäfte dicht aneinander. Ob ein Inder, der einen Supermarkt mit Telefonkartenverkauf und Internetcafé betreibt, Schreiner- und Klempnerläden, Restaurants und Bars – hier trifft man auf alles. Die Via Urbana ist eine der lebendigsten Straßen in Monti und ideal für Flaneure. Unbedingt probieren sollte man die Biopizza mit hauchdünnem knusprigem Teig in der **Pizzeria Trieste.** Man sitzt sehr einfach auf unbequemen Holzstühlen, aber es lohnt sich.

⊼ Montis Herz: die Piazza della Madonna

Sehr geschmackvoll eingerichtet ist die **Bar Monti** – ein idealer Ort, um am Abend in dem modernen und trotzdem gemütlichen Nebenraum einen Aperitif zu sich zu nehmen, es gibt aber auch Frühstück und Mittagessen.

Im **Broccoletti** wird traditionelle italienische Küche auf hohem Niveau serviert. Die Preise sind hoch und die Portionen klein, aber der Genuss beginnt schon mit dem köstlichen hausgemachten Brot, den leckeren Suppen und der Pasta und endet mit dem ausgezeichneten Tiramisu.

Einen sehr guten Bio-Espresso (1 €) oder Cappuccino bekommt man im **Er Caffettiere** gegenüber der Metrostation Cavour. Außerdem gibt es hier Frühstück, gute Obstsalate, belegte Brötchen und kleine Speisen, die in dem im Vintage-Stil gehaltenen Nebenraum serviert werden.

11 [I8] **Pizzeria Trieste** €, Via Urbana 112, geöffnet: So.–Do. 10.30–23, Fr. und Sa. 10.30–2 Uhr

12 [I8] **Bar Monti,** Via Urbana 93, geöffnet: Mo.–Do. 8–22, Fr., Sa. 8–1 Uhr

13 [I8] **Broccoletti** €€, Via Urbana 104, Di.–So. mittags und abends geöffnet

14 [I8] **Er Caffettiere,** Via Urbana 72/73, geöffnet: Mo.–Sa. 7.30–22 Uhr

29 Piazza della Madonna dei Monti ★★ [I8]

Der Platz ist der **zentrale Treffpunkt des Stadtteils.** Tagsüber sitzen hier die älteren Bewohner auf den Marmorbänken rings um den Brunnen und lesen Zeitung oder halten ein Schwätzchen, am Abend werden sie von den Hipstern abgelöst, die sich in einer der umliegenden Bars ein Bier kaufen und sich damit auf den Stufen des **Renaissance-Brunnens von Giacomo della Porta** niederlassen. Der Platz hat genau das, was eine italienische Piazza ausmacht – nicht mehr und nicht weniger: zwei Kirchen, einen Brunnen, einen Zeitungsladen, zwei Bars, von denen diejenige links neben dem Zeitungsladen empfehlenswert ist. (Hier gibt es auch einen kleinen Mittagstisch.) Am Wochenende ist es abends rund um den Brunnen so voll, dass es kaum noch einen Stehplatz gibt.

Man sollte unbedingt einen Blick in den mit schönen Fresken ausgemalten Innenraum der **Kirche Santa Maria ai Monti** werfen. Sie wurde im späten 16. Jahrhundert von Giacomo della Porta erbaut. Gleich neben der Kirche in der Via della Madonna dei Monti steht mitten auf der Straße ein von Efeu umranktes Häuschen: Hinter der romantischen Fassade werden ausgezeichnete Cocktails gerührt und geschüttelt, die Sie am besten in der milden Abendluft an kleinen Tischen mitten in dem lebendigen Stadtteil genießen können. **Tipp:** Wenn man nach dem Drink fünf Minuten über die Via della Madonna dei Monti nach Westen schlendert, gelangt man an einen der schönsten Aussichtspunkte der Stadt mit Blick auf die Trajansforen (s. S. 13) und die Via Fori Imperiali.

15 [I8] **La Casetta a Monti,** geöffnet: So.–Do. 9–20.30 Uhr, Fr., Sa. 9.30–22.30 Uhr

MEIN TIPP

Schnell und gut

Streetfood auf hohem Niveau, nur wenige Schritte von der Piazza della Madonna dei Monti entfernt. Gut geeignet für einen schnellen Imbiss zwischendurch, mit kleinem Gastraum. Frittierte Pizza, sehr gute Craftbiere, gutes Preis-Leistungs-Verhältnis.

16 [I8] **Ce stiamo a pensa,** Via Leonina 81, geöffnet: So.–Do. 11.30–1.30 Uhr, Fr. und Sa. bis 2.30 Uhr

30 Via degli Zingari ★★ [I8]

Die Straße war früher von Kesselflickern bewohnt, die häufig Sinti und Roma waren. 1943 wurden etliche Bewohner der Straße von den Nazis in Konzentrationslager deportiert, woran eine Gedenktafel erinnert. Die Piazza degli Zingari ist heute mit ihren **bunten Häusern und den kleinen Geschäften eine der schönsten Straßen in Monti.** Bei **Mizio's Street Food** gibt es sehr gute belegte Brötchen und eine aus dem südlichen Latium stammende Arme-Leute-Spezialität, die sogenannte „Tiela di Gaeta". Es handelt sich dabei um eine Art Pizza, die aber eher einem Kuchen gleicht und gefüllt mit Tintenfisch oder Gemüse serviert wird. Die Tiela ist eine komplette Mahlzeit und wenn man fertig ist, sagt der freundliche Besitzer lachend, muss das Öl von den Händen tropfen.

Wenn Sie die Straße weitergehen, kommen Sie an einer kleinen Buchhandlung, einem Tattoo-Studio und einem Lesecafé vorbei. An einem kleinen Platz, auf dem Marmorbänke zum Verweilen einladen, befindet sich einer der besten Eissalons in Monti. Im **Fatamorgana Monti** wird die kalte Köstlichkeit ohne Farbstoffe und Geschmacksverstärker hergestellt. Es gibt nur wenige Sorten, aber die sind wirklich gut. Sehr zu empfehlen ist das Pistazieneis. Setzen Sie sich einfach auf eine der Marmorbänke vor dem Eissalon und genießen Sie.

17 [I8] **Fatamorgana Monti**, Piazza degli Zingari 5, geöffnet: täglich 12–22 Uhr. Bei der Eisherstellung wird auf künstliche Farbstoffe und Geschmacksverstärker verzichtet.

18 [I8] **Mizio's Street Food** €, Via degli Zingari 54a

31 Trastevere ★★★ [E9]

Heute ist das Stadtviertel auf der anderen Seite des Tiber (lat.: trans tiberim, daher der Name Trastevere) vor allem für seine vielen Kneipen und Restaurants bekannt. Trotz aller Veränderungen der vergangenen Jahre repräsentiert der pittoreske Stadtteil heute noch immer ein Stück des alten Rom, das auf der anderen Tiberseite kaum noch vorhanden ist. Natürlich steht auch Trastevere auf dem Plan der Touristen, aber doch deutlich seltener als der Vatikan oder die Spanische Treppe.

In der Antike galt Trastevere als **Heimstätte der Minderheiten** des Kaiserreichs. Schon in vorchristlicher Zeit bildeten sich Ansiedlungen von Juden und Syrern. Erst unter Kaiser Augus-

MEIN TIPP

Open-Air-Kino

Seit mehreren Jahren veranstalten römische Cineasten unter dem Namen **Il Cinema in Piazza** im Sommer ein Open-Air-Filmfestival mitten in Trastevere. Die Piazza di San Cosimato verwandelt sich dann in den heißen Sommermonaten zwischen Juni und August in ein mit Hunderten Sitzplätzen (die meistens nicht ausreichen) ausgestattetes Freiluftkino. Der Eintritt ist frei. Ein unvergessliches Erlebnis, das man sich auf keinen Fall entgehen lassen sollte. Die Filme (Retrospektiven bekannter Regisseure, Zeichentrickfilme, Mottoabende) werden in der Originalfassung mit italienischen Untertiteln gezeigt.

Die Veranstalter präsentieren ihr Projekt übrigens auch am schicken Touristenhafen Ostia 46 und im an der römischen Peripherie liegenden Stadtviertel Tor Sapienza.

› www.ilcinemainpiazza.it

tus, etwa um Christi Geburt, wurde Trastevere römisch. Die Juden wanderten im Mittelalter in das auf der anderen Seite des Tiber gelegene Viertel Sant'Angelo ab. In Trastevere fanden übrigens auch die **ersten Christen Roms** einen Ort, an dem sie ihre Gottesdienste abhalten konnten.

Das Mittelalter sah Trastevere von niederen Ständen bewohnt (Handwerker, Bootsleute, Fischer) und bis in die 60er-Jahre des 20. Jahrhunderts hinein bewahrte sich der Charakter des **Viertels der kleinen Leute.**

Heute kostet der Quadratmeter Grund und Boden zwischen 4000 € und 7000 €, wo er vor einigen Jahrzehnten noch für 80 € zu haben war. In den 1970er-Jahren wanderten fast 50.000 Einwohner ab. Diese wurden ersetzt von wohlhabenden Amerikanern, die bereit waren, viel Geld für eine Wohnung in Trastevere zu bezahlen. Immobilienhändler und Politiker hatten ebenfalls ihren Anteil an der **Vertreibung der Bevölkerung.**

Besonders schön ist ein Spaziergang von der **Piazza Sonnino** entlang der **Via della Lungaretta.** Am Samstagabend drängen sich vor allem junge Römer durch die schummrig beleuchteten, verwinkelten Gassen des Stadtviertels vorbei an unzähligen Straßenhändlern. Der **Brunnen an der Piazza Santa Maria** in Trastevere ist ein beliebter Treffpunkt. In den lauen römischen Sommernächten ist es hier so voll, dass man zwangsläufig Tuchfühlung mit der römischen Bevölkerung aufnehmen muss. Viele Bars und Eiscafés laden auch tagsüber zum Verweilen ein.

271ro Abb.: nw

⌃ *Aufstieg durch die pittoresken Treppengassen Trasteveres*

32 Santa Cecilia in Trastevere ★★★ [F10]

Die wunderschöne Kirche ist einer der bedeutendsten christlichen Märtyrerinnen gewidmet, der Heiligen Caecilia, die hier lebte und im 3. Jahrhundert n. Chr. von kaiserlichen Soldaten gefoltert und ermordet wurde.

MEIN TIPP

Starke Cocktails

Der Name ist Programm: Die Cocktails im Bum Bum di Mel sind zwar teuer, aber an Alkohol wird nicht gespart. Wir raten, sich erst mal ein Getränk zu teilen. Winzige Bude, die von einer Brasilianerin betrieben wird, die für südamerikanische Stimmung sorgt. Geduld mitbringen, es ist immer überfüllt.

19 [E9] **Bum Bum di Mel,** Via del Moro 17, Di.–Sa. 20.30–3 Uhr

Hier liegt einer der beeindruckendsten Orte in Rom, an dem Mythos und Geschichte zusammenfließen.

Das Gotteshaus wurde angeblich über dem Wohnhaus errichtet, in dem die Heilige mit ihrem Mann Valerianus lebte. Das **Martyrium,** das sich die Schergen des römischen Kaisers ausgedacht hatten, war besonders grausam: Drei Tage lang dauerte die Folter; man versuchte das junge Mädchen zu verbrühen und mit heißem Dampf zu ersticken, schließlich wurde sie enthauptet. Während der Folter soll sie gesungen haben, deswegen ist sie die Schutzheilige der Musik. Beerdigt wurde sie in den **Katakomben von San Callisto** 45 auf der Via Appia 43, wo viele christliche Märtyrer ihre letzte Ruhestätte fanden. Im 9. Jahrhundert wurde ihr Leichnam in „ihre" Kirche gebracht, wo ihr Grab noch heute in der **Krypta** zu sehen ist.

Im Kreuzgang kann man die sehr verblassten, aber immer noch schönen **Fresken** des Pietro Cavallini bewundern, eine Darstellung des Jüngsten Gerichts. Besonders sehenswert ist die **Statue der Heiligen** von Stefano Maderno. 1599 wurde das Grab Caecilias geöffnet; vermutlich war der Künstler anwesend und fertigte eine Zeichnung von dem angeblich unversehrten Leichnam an: Die Statue der liegenden Heiligen gehört zu den schönsten Skulpturen in Rom.

Von der Krypta aus kann man in ein **römisches Wohnhaus** hinabsteigen, das vermuten lässt, dass die Heilige wirklich hier gelebt hat. Es gibt noch die Reste eines Caldariums, einer Art antiker Sauna, zu besichtigen. Die Rohre, durch die der warme Dampf in

Santa Cecilia: Hier wurde der Legende nach die Schutzheilige der Musik ermordet

Mein Tipp

Der botanische Garten (Orto Botanico)

Der botanische Garten von Rom liegt am Fuß des schönen Hügels Gianicolo nur unweit der Villa Farnesina. Über 8000 Pflanzenarten gedeihen hier. Auch wenn Teile des Gartens etwas ungepflegt sind, ist der Autor der Meinung, dass es sich um eine der Ruheoasen inmitten der hektischen Stadt handelt. Allein schon der Ausblick auf die Altstadt lohnt den Besuch.

- **20** [E8] **Orto Botanico,** Largo Cristina di Svezia 24, Busse 23, 280 bis Lungotevere Farnesina, https://web.uniroma1.it/ortobotanico, geöffnet: tägl. 8–19.30 Uhr, Eintritt 4 €, Kinder unter 6 Jahren frei den Raum geleitet wurde, sind heute noch zu sehen. Es wird vermutet, dass die Römer versuchten, die Heilige mit dem Dampf aus diesen Rohren zu ersticken.

› Piazza Santa Cecilia 22, geöffnet: täglich 10–12 und 16–17.30 Uhr, die Freskenmalerei von Cavallini ist nur Di. und Do. 10–12 Uhr zu besichtigen
› Das römische Wohnhaus unter der Kirche ist täglich 10–13 und 16–19 Uhr geöffnet. Eintritt 2,50 €.
› Straßenbahn Nr. 8 bis Haltestelle Belli

33 Santa Maria in Trastevere ★★★ [E9]

Die Kirche Santa Maria in Trastevere am westlichen Ende der Lungaretta bildet eine touristische Attraktion des Stadtviertels. Die Santa Maria ist mit wunderschönen Mosaiken ausgestaltet.

Der Legende nach soll an der Stelle, an der heute die Kirche steht, am Tag von Christi Geburt eine Ölquelle aus der Erde gesprudelt sein. Seitdem diente der Ort den ersten Christen Roms als Treffpunkt zur Ausübung ihrer Riten. Einige Kirchenhistoriker vermuten sogar, dass hier der **erste offizielle Kultort der Christen** in Rom war, zu einer Zeit, als es noch gar keine Kirchen gab. Im 4. Jh. entstand dann auf dem Kultplatz eine **Basilika**, die Papst Julius I. zur Erinnerung an die Urchristen bauen ließ.

Papst Innozenz II. hat die Marienkirche im 12. Jh auf dem Fundament der frühchristlichen Basilika errichten lassen. Auf der Fassade ist ein Mosaik „Maria zwischen zehn weiblichen Heiligen“ zu sehen. Ein Meisterwerk der mittelalterlichen Kunst sind die **Mosaiken** in der Apsis. In der Halbkugel (um 1140) sind Christus, Maria und einige Heilige zu sehen. Darunter wird aus dem Leben Marias erzählt: ihre Geburt, die Geburt Jesu, die Heiligen Drei Könige und ihr Tod. Beachtenswert ist auch die teilweise vergoldete **Kassettendecke** des Domenichino (1617).

› Piazza Santa Maria in Trastevere, geöffnet: 9–21 Uhr
› Bus 280 bis Lungotevere Raffaello Sanzio

301ro Abb.: nw

Frohe Stimmung vor der Kirche Santa Maria in Trastevere 33

328ro Abb.: nw

Engelsburg und Vatikan

Wenden wir uns dem christlichen Rom zu: Direkt am Tiberufer erhebt sich drohend die Engelsburg, die einst als Fluchtburg des Papstes errichtet wurde. Dahinter befindet sich das Zentrum der katholischen Kirche, der Vatikan, über dem sich die weltberühmte, weithin sichtbare, von Michelangelo entworfene Kuppel des Petersdoms erhebt.

MEIN TIPP

Traditionell und günstig

Nur wenige Schritte von der Engelsburg entfernt wird typisch römische Küche zu günstigen Preisen serviert. Absolut empfehlenswert!

21 [E7] **La Fraschetta di Castel Sant'Angelo** €, Via del Banco di Santo Spirito 20, Tel. 0668307661, www.facebook.com/lafraschettadi castelsantangelo, Mo.–Sa. mittags und abends

34 Engelsburg (Castel Sant' Angelo) ★★★ [E6]

Die frühere Fluchtburg des Papstes ist ein mit verwinkelten, dunklen Gängen durchzogenes Gebäude, dessen geisterhafte Atmosphäre besonders die jugendlichen Besucher anzieht.

Ursprünglich war die Engelsburg ein **Grabbau** für Kaiser Hadrian (117–138 n. Chr.). Als Rom im 3. Jh. eine neue Stadtmauer erhielt, wurde er in die Verteidigungsanlagen integriert und wegen seiner strategisch günstigen Lage am Tiber zur **stärksten Festung der Stadt** ausgebaut.

Ihren **Namen** erhielt die Engelsburg, als im Jahre 590 Papst Gregor dem Großen in einer Vision ein Engel über dem Mausoleum des Hadrian

Führt auf die Engelsburg zu: die Engelsbrücke

das Ende der Pest ankündigte. Der Engel auf der Spitze des Gebäudes erinnert noch heute an dieses Ereignis. In bedrohlichen politischen Situationen suchten die Päpste Zuflucht in der Engelsburg. Im Lauf der Geschichte war sie auch häufig Schauplatz für Folterungen und Hinrichtungen. Sogar auf der Opernbühne gelangte die Engelsburg zu Berühmtheit: Sie diente der Oper „Tosca" von Puccini als Kulisse für den dritten Akt.

Heutzutage kann man noch einige ehemalige Wohnräume des Papstes besichtigen und sich von der **unheimlichen Atmosphäre** des Gebäudes beeindrucken lassen.

› Museo Nazionale di Castel Sant' Angelo, Lungotevere Castello 50, http://castelsantangelo.beniculturali.it, geöffnet: Di.-So. 9-19.30 Uhr, Eingang auf der rechten Seite des Gebäudes, Eintritt 12 €, 18-25 Jahre 2 €. Beim Kauf eines Tickets erhält man Zugriff auf eine App, die durch das Museum führt.

› Busse 23, 34, 40 und 62 bis Lungotevere Vaticano

35 Via della Conciliazione ★ [D6]

Die **Prachtstraße** wurde zur Feier der Versöhnung zwischen Kirche und Staat durch die Lateranverträge (1929) von Mussolini in Auftrag gegeben. Dem ehrgeizigen Projekt fielen reihenweise die mittelalterlichen Häuser des **Borgo**, wie die Gegend rund um den Vatikan von den Römern genannt wird, zum Opfer.

Die Straße ist gesäumt mit **Souvenirläden**, die alles führen, was der christlich inspirierte Rombesucher benötigt: Papst Franziskus und seine Vorgänger Benedikt XVI. und Johannes Paul II. auf Postkarten, als Fußabtreter, Gipsfigur oder Kerze. Auch

329ro Abb.: nw

nichtchristliche Besucher, die eine Leidenschaft für Kitsch haben, sollten mal einen Blick in die Schaufenster werfen.

› Metro A bis Ottaviano

36 Petersplatz ★★★ [C6]

In der Vorstellung seines Schöpfers Gian Lorenzo Bernini sollten die den Petersplatz umfassenden **Kolonnaden** die schützenden Arme Gottes symbolisieren. Mit einem perspektivischen Trick gelang es Bernini, dem Betrachter im Mittelpunkt des Platzes in der Nähe der zwei Brunnen

Der Obelisk im Zentrum überragt den Petersplatz 36

(die Stelle ist markiert) den Eindruck zu vermitteln, die vier aus Travertin gefertigten Säulenreihen seien eine einzige. Übrigens handelt es sich um insgesamt 284 Säulen, welche die Staatsgrenze zwischen dem Vatikan und Italien bilden.

Im Zentrum des 340 mal 240 Meter großen Platzes steht ein **Obelisk**, den Kaiser Caligula nach Rom bringen ließ. Ein Behälter an der Spitze des Obelisken enthält einen angeblich vom Kreuz Christi stammenden Holzsplitter.

› **Pilgerzentrum**, Via del Banco di Santo Spirito 56, www.pilgerzentrum.net, geöffnet: Mo.–Fr. 10–13 Uhr. Eine wichtige Anlaufstelle für Pilger ist das deutschsprachige Pilgerzentrum. Es befindet sich gegenüber der Engelsburg auf der östlichen Tiberseite. Hier wird Pilgern bei der Suche nach Unterkünften geholfen, über aktuelle Veranstaltungen rund um den Vatikan informiert oder auch einfach nur seelsorgerischer Beistand geleistet. Im Zentrum sind auch Tickets für die Papstaudienz erhältlich.
› Metro A bis Ottaviano

37 Petersdom (Basilica di San Pietro) ★★★ [C6]

Egal ob katholisch oder nicht: Wer den Petersdom gesehen hat, muss einfach beeindruckt sein von dem gewaltigen Innenraum, den im 16. Jahrhundert die bedeutendsten Künstler der damals bekannten Welt schufen.

Der Legende nach soll dort, wo sich heute die mächtige Kuppel des Petersdoms erhebt, der **Heilige Apostel Petrus gekreuzigt** worden sein. Die zu seinem Andenken errichtete Basilika, angeblich befindet sich sein Grab unmittelbar unter dem Hochaltar, wurde von Kaiser Konstantin, dem ersten christlichen Kaiser Roms, in Auftrag gegeben und 328 von Papst Sylvester geweiht.

Obwohl die Päpste bis 1377 im **Lateranpalast** am anderen Ende der Stadt residierten, blieb der Vatikan historisch und moralisch die Wiege des Papsttums. Der heutige Petersdom, der übrigens mit 186 Metern über das **längste Kirchenschiff der Welt** verfügt, wurde in 120 Jahren (1508–1628) auf den Ruinen der ehemaligen Konstantinsbasilika erbaut. Insgesamt beteiligten sich vier Künstler an dem Bau: Bramante, Raffael, Michelangelo und Bernini. Papst Nikolaus V. regte den Neubau an. Die Bauten des alten Rom wurden für den Neubau gnadenlos geplündert: Allein aus dem Kolosseum ließ der Papst 2500 Wagenladungen mit Steinen herankarren. In einer besonders schwierigen Bauphase wurde Michelangelo hinzugezogen, der dann die Kuppel gestaltete, also den Teil des Petersdoms, der als Wahrzeichen der Kirche weithin sichtbar ist. Inspirieren ließ sich der Künstler von der Kuppelkonstruktion des antiken Pantheon 18 auf der anderen Seite des Tiber.

Schon die **Eingangshalle** wirkt wie eine riesige Kirche (71 m lang, 14 m breit). In der rechten Ecke steht ein von Bernini geschaffenes Reiterstandbild Kaiser Konstantins. Die Bronzetür davor ist die berühmte **Heilige Tür** *(Porta Santa)*, die nur zu Beginn eines Heiligen Jahres geöffnet wird. Alle 25 Jahre findet ein Heiliges Jahr statt, das nächste Mal 2025.

Durch das Mittelportal geht es in das **Hauptschiff.** Gleich auf der rechten Seite steht die berühmte **Pietà des Michelangelo** – mittlerweile hinter einer Glasscheibe, seit ein Geistesgestörter mit einem Hammer das Kunstwerk beschädigt hat. Der Mit-

314ro Abb.: nw

Ziel in Sicht: der Petersdom

telpunkt der Kirche ist der 29 m hohe **Papstaltar**, der sich über dem Grab des Petrus erhebt. Nur der Papst ist berechtigt, hier die Messe abzuhalten. Der Altar wurde von Bernini gestaltet. Am rechten Pfeiler vor dem Papstaltar befindet sich die **Statue des sitzenden Petrus** aus dem 13. Jahrhundert, deren Fuß von den Ehrenbezeugungen der Gläubigen schon ganz blank geworden ist. Ganz hinten in der Apsis beim Hauptaltar steht der berühmte **Heilige Stuhl** *(Cathedra petri)*, mit dem die Katholische Kirche gerne identifiziert wird, auch er von Bernini geschaffen. Der Bronzethron ist nur eine Hülle für eine alte Reliquie: den Stuhl des Petrus und seiner ersten Nachfolger.

Sehenswert ist auch die **Kuppel** des Petersdoms, die täglich von 8–17 Uhr geöffnet ist (Eintritt 8 € für die Treppe, beziehungsweise 10 € für Treppe und Aufzug). Man kann den beschwerlichen Weg zu Fuß (537 Stufen) umgehen, indem man mit dem Aufzug nach oben fährt. Der fährt allerdings nur bis zur Mitte, die restlichen 330 Stufen müssen dann doch zu Fuß bewältigt werden. Die Aussicht lohnt sich auf jeden Fall. Beim Abstieg lädt eine (gar nicht mal so teure) Bar mit angeschlossenem Souvenirshop zum Verweilen ein. Auf dem Rückweg **landet man automatisch im Innern des Doms** – ohne Schlangestehen. Deswegen sollte immer zuerst die Kuppel und dann der Dom besucht werden.

Außerhalb des Petersdoms – beim Aufgang zur Kuppel – befindet sich der Eingang zu den **Vatikanischen Grotten**, in denen zahlreiche Päpste begraben sind.

Vatikan – der kleinste Staat der Welt

Der **Name Vatikan** stammt aus der Urzeit Roms. Historiker nehmen an, dass das heutige Gelände des Kirchenstaats in frührömischer Zeit ein latinisches Dorf war, deren Bewohner „Vaticani“ genannt wurden. Der Name blieb haften, auch als das jenseits des Tiber gelegene Gebiet längst eingemeindet war.

Das politische Kleinstaatgebilde (Stato della Città del Vaticano, Gesamtfläche 0,44 km^2) ist ein Produkt der Einigung zwischen der faschistischen Regierung unter Mussolini und dem Heiligen Stuhl. Die **Lateranverträge** (1929) regelten das Verhältnis von Staat und Kirche, das durch die italienische Einigung (1870) dauerhaft gestört worden war: Der Papst hatte sich damals hinter die Mauern des Vatikan zurückgezogen, zwar Immunität genießend, jedoch keine staatliche Unabhängigkeit.

Der Kirchenstaat, der im Mittelalter zeitweise ganz Mittelitalien umfasste, wurde durch die Lateranverträge geografisch auf das Gebiet westlich der Kolonnaden und des Palastes (innerhalb der Leonischen Mauer) beschränkt. Politisch erreichte der Vatikan die staatlicherseits festgeschriebene Unauflöslichkeit der Ehe, die nur durch das reichlich voreingenommene Tribunal der Kirche selbst annulliert werden konnte (erst 1974 wurde in Italien per Volksentscheid ein Scheidungsgesetz erlassen), und die Steuerfreiheit für das Kirchenvermögen.

Als **autonomer Staat** unterhält der Vatikan heute Botschaften in fast aller Welt. Ebenso sind auch ausländische Staaten mit einer Botschaft beim Vatikan vertreten. Daher unterhalten die meisten Nationen in Rom zwei Botschaften: eine für Italien, die andere für den Heiligen Stuhl.

Sämtliche Richtlinien der katholischen Kirchenpolitik werden in zehn **Ministerien (Kongregationen)** festgelegt, die jeweils von einem Präfekten geleitet werden. Über 20 Jahre lang war Josef Kardinal Ratzinger, der frühere Papst Benedikt XVI., Präfekt der Glaubenskongregation, die über Grundsatzfragen des katholischen Glaubens zu entscheiden hat. In den Kongregationen wird über so unterschiedliche und seltsame Dinge entschieden wie die Tabuisierung von Büchern, die Annullierung einer Ehe oder die Neubesetzung eines erzbischöflichen Stuhls.

Der Vatikan hat einen selten benutzten **Bahnhof.** Außerdem gehören zum Staatswesen **Dienstleistungsbetriebe** wie Müllabfuhr, Apotheke und ein Supermarkt. Die Fahrzeuge der Bewohner des Kirchenstaats tragen die Initialen SCV (Stato della Città del Vaticano); viele Römer übersetzen die Buchstaben auch mit „se cristo vedisse“ (zu Deutsch: „wenn Christus das sehen würde“) und meinen damit die Verwicklung des Vatikan in Finanzskandale und Geschäfte mit der Mafia.

Radio Vatikan sendet in alle Welt und sorgt als Zuschussbetrieb (es gibt keine Werbeeinnahmen) für ein Loch in der Vatikankasse – genauso wie die Tageszeitung **L'Osservatore Romano,** deren deutsche Ausgabe seit 1971 wöchentlich erscheint und die aktuell bei einer Auflage von 7000 Stück liegt.

An **Einnahmen** fließen in die Kirchenkasse vor allem die Spenden der Gläubigen aus aller Welt. Am Namenstag des Petrus wird in allen katholischen Kirchen der Peterspfennig eingesammelt und an den Vatikan überwiesen.

› www.radiovaticana.va

- Am Eingang zum Petersdom gibt es **strenge Sicherheitsvorkehrungen,** deswegen kann es durchaus eine Stunde dauern, bis man die Kirche endlich betreten kann. Alle Besucher müssen durch einen Metalldetektor gehen. Beachten sollte man auch die **Kleiderordnung:** Keine kurzen Hosen für Männer, keine Röcke, die über dem Knie enden, für Frauen. Die Schultern sollten bedeckt sein.
- Jeden Sonntag um 12 Uhr (außer im Juli) betet der Papst von einem Fenster des päpstlichen Appartements mit den Gläubigen das **Angelusgebet** und hält danach eine kurze Ansprache. Wegen der Sicherheitsvorkehrungen auf dem Petersplatz sollte man schon um 8.30 Uhr da sein.
- **Hl. Messen:** 8.30, 9, 10, 11, 12, 17 Uhr. Die Messen finden in einer Seitenkapelle statt.
- Die **Besichtigung des Petrusgrabs** ist nur nach Anmeldung auf der Website des *Ufficio Scavi* möglich (www.scavi.va). Man muss in der Regel etliche Monate im Voraus einen Termin buchen. Die Führung dauert 1½ Stunden und kostet 13 €.
- Die **Generalaudienzen mit dem Papst** finden immer mittwochs um 9.15 Uhr statt, entweder auf dem Petersplatz oder in einer Audienzhalle (links an den Kolonnaden des Petersplatzes vorbei). Genauere Informationen finden sich auf der Website des deutschen Pilgerzentrums (s. S. 60). Hier sind auch die notwendigen Eintrittskarten für die Generalaudienz erhältlich. Die Karten sind kostenlos. Da die Audienzen sehr begehrt sind, empfiehlt es sich, möglichst weit im Voraus zu reservieren. Dies kann ab 100 Tagen vor dem Termin geschehen.
- In dem Postamt gleich nebenan kann man sich mit den bei Sammlern beliebten **Briefmarken** des Kirchenstaats eindecken.
- Metrolinie A bis Ottaviano

331ro Abb.: fo © Facundo

38 Vatikanische Museen (Musei Vaticani) ★★★ [C5]

Die unter diesem Begriff zusammengefassten Einzelmuseen wurden im Vor-Corona-Jahr 2019 von 6,9 Millionen Menschen besucht.

Wer sich in Ruhe auf die Kunstwerke einlassen will, ist daher fehl am Platz. Die unglaubliche Zahl an Touristen, die täglich in die Museen hineinströmen, macht den Kunstgenuss sehr schwierig. Es gibt Führungen für

In den vatikanischen Museen lohnt auch ein Blick nach oben – trotz der berühmten Gemälde

MEIN TIPP

Vatikanische Gärten mit Sixtinischer Kapelle

Absolut empfehlenswert ist eine Besichtigung der **päpstlichen Gärten** im Innern des kleinsten Staats der Welt, in denen Pflanzen aus aller Welt zu sehen sind. Die **geführte Tour** ist nur online buchbar, dauert zwei Stunden und kostet inklusive des **Besuchs der Sixtinischen Kapelle** 39 €. Ein echter Geheimtipp: Wer sich nämlich für diese Variante entscheidet, spart sich den Weg durch die immer überfüllten Vatikanischen Museen zur Sixtinischen Kapelle, die am Ende des Rundgangs liegt.

› Buchung unter https://tickets.museivaticani.va

33 € (2 Stunden), die man am besten vor der Reise über die Website der Vatikanischen Museen bucht (www.museivaticani.va/content/museivaticani/de.html). Höhepunkte der Vatikanischen Museen sind sicherlich das Museum Pio-Clementino mit seiner antiken Statuensammlung, die Stanzen des Raffael und Michelangelos Deckenfresko in der Sixtinischen Kapelle.

› Viale Vaticano, www.museivaticani.va, geöffnet: Mo.–Sa. und am jeweils letzten Sonntag im Monat, dann ist der Eintritt frei (allerdings nur von 9 bis 12.30 Uhr), der Einlass erfolgt von 9 bis 16 Uhr, um 18 Uhr müssen die Säle verlassen werden. Eintritt 17 €, 6–18 Jahre: 8 €, Audioguide: 8 €. In der Sixtinischen Kapelle herrscht absolutes Fotoverbot. Tickets müssen online bestellt werden, meist sind sie schon wochen- oder gar monatelang im Voraus ausgebucht. Bei der Reservierung wird eine Gebühr von 4 € fällig (https://tickets.museivaticani.va).

› Metrolinie A bis Cipro

Museum Pio-Clementino ★★★

Zunächst gelangen die Besucher in das **Gabinetto dell'Apoxyomenos,** das nach der dort aufgestellten Kopie einer griechischen Skulptur aus dem 4. Jahrhundert v. Chr. benannt ist. Sie zeigt einen Athleten, der nach dem Sieg in einem Wettkampf Schweiß und Staub von seinem Körper schabt.

In dem Museum ist die berühmteste Skulpturengruppe der Welt ausgestellt: der **Laokoon**, eine verschlungene Figurengruppe, die im 1. Jahrhundert v. Chr. auf der griechischen Insel Rhodos geschaffen wurde. Jahrhundertelang galt sie als verschollen, bis sie 1506 in der Nähe des Kolosseums in einem Weinberg entdeckt wurde. Sie wirkte prägend auf viele Künstler der Renaissance.

Laokoon war der trojanische Priester des Apoll. Angeblich warnte er seine Mitbürger davor, das bei der vorgetäuschten Abfahrt von den Griechen zurückgelassene hölzerne Pferd in die Stadt hineinzuziehen. Bald darauf wurde Laokoon mit seinen beiden Söhnen von zwei Schlangen erwürgt und eben diese Szene wird von der Skulpturengruppe mit ungeheurer Expressivität dargestellt. Wie die meisten Leser wissen werden, versteckten sich in dem Bauch des Pferdes die Griechen, womit das Ende Trojas besiegelt war.

Stanzen des Raffael ★★★

Papst Julius II. beauftragte 1508 den jungen Raffael, die Repräsentationsräume über dem Apartamento Borgia neu auszumalen. *Stanza* bedeutet übrigens auf Deutsch Zimmer. Vier Räume hat Raffael ausgemalt. Die **Fresken in der Stanza della Segnatura** gelten allgemein als Höhepunkt der Renaissancemalerei. Philosophische und theologische Themen verbinden sich in diesen Gemälden zu allegorischen Kompositionen. Wer all dies wirklich verstehen will, sollte sich einen speziellen Führer zulegen oder zumindest den Audioguide benutzen, der am Eingang angeboten wird. Zudem ist noch die Stanza d'Eliodoro zu sehen, ein Vorzimmer des Papstes, dann die Stanza dell'Incendio, die Leo X. als Speisesaal dienen sollte, und die Stanza di Costatino, die Ereignisse aus dem Leben Kaiser Konstantins zeigt, dem ersten römischen Kaiser, der zum Katholizismus übertrat.

Sixtinische Kapelle ★★★

Das berühmteste Gebäude in diesem Komplex, die Sixtinische Kapelle, die 1473 von Papst Sixtus IV. in Auftrag gegeben wurde, beherbergt das **bekannteste Deckengemälde der Welt,** das Michelangelo zwischen 1508 und 1512 malte. Das Werk soll die Erschaffung der Welt darstellen. Das bekannteste Teilfresko (ital.: *affresco* = auf den feuchten Putz gemalt) ist die Erschaffung Adams im Zentrum des Deckengemäldes. Adam liegt am Boden und streckt seinen Zeigefinger dem seines Schöpfers entgegen. Der Raum zwischen den beiden Zeigefingern symbolisiert die überirdische Kraft Gottes, die den Körper des Adam sogleich beseelen wird.

Michelangelo hatte seinerzeit gezögert, den Auftrag anzunehmen, weil er die Malerei gegenüber der Bildhauerei als minderwertig empfand. Die Bemalung der Decke sollte ihn vier Jahre lang beschäftigen. Im Zentrum des Freskos sind neun Ereignisse aus dem Buch Genesis dargestellt: Die Trennung von Licht und Finsternis, Die Erschaffung der Himmelskörper, Die Trennung von Land und Meer, Die Erschaffung Adams, Die Erschaffung Evas, Der Sündenfall und die Vertreibung aus dem Paradies, Das Opfer Noahs, Die Sintflut, Die Trunkenheit Noahs.

Über 20 Jahre später schuf Michelangelo das **Fresko an der Altarwand.** Es stellt den Gegensatz zur Erschaffung der Welt dar, das Jüngste Gericht. Jesus Christus, umgeben von Maria und den Aposteln, urteilt über das Schicksal der Menschheit: Während die Guten zum Himmel aufsteigen (links) und die Bösen zur Hölle hinabfahren (rechts), vollzieht sich unten die Auferstehung der Toten und in der Mitte rufen die Engel die Menschen mit Posaunen zu Gericht.

KURZ & KNAPP

Raffael

Der Renaissancekünstler stammt aus dem nördlich von Rom gelegenen Städtchen Urbino, wo er 1483 geboren wurde. Den ersten Malunterricht erhielt er von seinem Vater, der selbst ein bekannter Künstler war. Mit 19 Jahren ließ sich Raffael in Florenz nieder, wo er sich in langjährige Studien über Probleme der Anatomie, der Perspektive und der Komposition vertiefte. Mit 24 Jahren schuf er sein bis dahin bekanntestes Altarwerk, die Grablegung Christi, das bis heute in der Galleria Borghese zu sehen ist. Auf dem Höhepunkt seines Schaffens wurde er 1508 vom päpstlichen Hof beauftragt, vier große Repräsentationsräume auszumalen. Eine übermenschliche Arbeit, die seinen schon immer schwächlichen Körper dauerhaft schädigen sollte. 1514 übertrug ihm der Papst auch die Bauleitung des Petersdoms.

Diese zusätzliche Anforderung überlebte er nicht. Am 6. April, seinem Geburtstag, starb Raffael im Alter von nur 37 Jahren. Begraben ist der große Künstler im Pantheon.

MEIN TIPP

Kleine Pause

Für den kleinen Hunger nach dem Vatikanbesuch ist das Bo.no genau richtig. Sehr gute belegte *panini* (auch vegetarisch) und ein Kindermenü.

22 [C7] **Bottega Nostrana (Bo.no),** Via di Porta Cavalleggeri 109/111, www.botteganostrana.com, tägl. geöffnet

Ägyptisches Museum (Museo Gregoriano Egizio) ★★

In zehn Sälen werden Mumien, Kolossalstatuen, Sarkophage und Handschriften ausgestellt. Die Gestaltung der ersten beiden Säle ist dem Inneren einer ägyptischen Grabkammer nachempfunden. Viele der Stücke wurden übrigens in Rom selbst gefunden. Die Römer waren große **Verehrer der ägyptischen Kultur,** und da das Land eine römische Kolonie war, brachten römische Soldaten viele Kunstgegenstände nach Italien. Besonders sehenswert ist die Statue des Priesters Udjahorresnet in Raum I (6. Jahrhundert v. Chr.).

Museo Gregoriano Etrusco ★★

In 18 Räumen sind Gegenstände und Kunstwerke aus der Zeit der untergegangenen **etruskischen Hochkultur** ausgestellt. Besonders bemerkenswert ist die umfangreiche Sammlung bemalter Vasen. Man erhält einen guten Einblick in die Geschichte des Volkes, das bis zum Aufstieg Roms die Vorherrschaft in Mittelitalien hatte.

Sehenswert sind auch die Grabbeigaben, die im Raum II ausgestellt sind. Wie die Ägypter hatten auch die Etrusker die Gewohnheit, ihren Toten Alltagsgegenstände ins Grab zu legen, damit sie auf ihrer Reise ins Totenreich auch gut ausgestattet sind.

Flaminio und Foro Italico

Im Stadtteil **Flaminio** kann man das Rom des 20. und 21. Jh. hautnah erleben. Das Wohnviertel entstand schon zu Beginn des 20. Jh., wurde aber erst unter Mussolini zu einem Wohnquartier mit großen Mehrfamilienhäusern ausgebaut. Hier lebten die gut verdienenden Beamten des faschistischen Staatsapparats.

Groß angelegte Repräsentationsarchitektur konnte im Stadtzentrum Roms nicht verwirklicht werden, weil bei Bauarbeiten immer wieder antike Mauern gefunden wurden, die ein Veto der Archäologen hervorriefen. Den faschistischen Spitzhacken blieb nichts anderes übrig, als an den Rand der Stadt auszuweichen. Am Scheitelbogen des Tibers westlich der Milvischen Brücke, zu Füßen des Monte Mario, entstand in den späten 1920er-Jahren ein bedeutender **Komplex faschistischer Großarchitektur.**

› **Anfahrt:** Metrolinie A Richtung Battistini bis Flaminio, dann mit dem Bus 32 zum Foro Italico oder Straßenbahn 2 bis Macini

39 Foro Italico ★★ [S. 67]

Das **Foro Italico** nordwestlich des Tibers entstand in den 1930er-Jahren als repräsentative Sportstätte des faschistischen Regimes. Das gesamte Areal wurde später anlässlich der Olympischen Sommerspiele von 1960 komplett umgestaltet. Heute befindet sich hier ein Teil der Sportuniversität, außerdem tragen die römischen Fußballvereine AS und Lazio Rom hier im Stadio Olimpico ihre Heimspiele aus.

40 Ponte Milvio ★★★ [S. 67]

Die Ponte Milvio ist **einer der romantischsten Orte Roms.** Hier treffen sich vor allem am Abend viele junge Pärchen. Im 2. Jahrhundert v. Chr. wurde der Bau von einem Mitglied der Sippe der Milvia in Auftrag gegeben. Damals handelte es sich noch um eine Holzbrücke, aber schon hundert Jahre später wurden steinerne Pfeiler errichtet. Die mittleren Bögen der Brücke gehen noch auf diese Zeit zurück. Berühmt wurde die Ponte Milvio, als hier im Jahre 312 n. Chr. die entscheidende Schlacht zwischen Kaiser Konstantin und seinem Gegenspieler Maxentius stattfand.

Auf der Fußgängerbrücke huldigen die Römer einem seltsamen **Brauch,** der sich aber erst in den letzten Jahren entwickelt hat. Jungverliebte schreiben ihre Initialen auf ein **Vorhängeschloss,** befestigen es an den Laternen auf der Brücke und werfen anschließend den Schlüssel in den Tiber. Somit gilt ihre Liebesbeziehung ein Leben lang. Wer es den italienischen Liebespaaren gleichtun will, kann ein sogenanntes „lucchetto d'amore" (dt. Liebesschloss) auf der Brücke für wenige Euro erwerben.

41 Museo Nazionale delle Arti del XXI Secolo (MAXXI) ★★★ [S. 67]

Auf einem früheren Kasernengelände hat die 2016 verstorbene britische Architektin Zaha Hadid ein beeindruckendes Gebäude geschaffen. Das Museum für zeitgenössische Kunst und Architektur ist selbst ein Kunstwerk und ein wundervolles **Beispiel dekonstruktivistischer Architektur.** Das Museum beherbergt auch das MAXXIart, eine Dauerausstellung, die über 300 Werke umfasst, unter anderem von Gerhard Richter, Mario Merz und Anish Kapoor.

353ro Abb.: fs

Das Innere des Gebäudes ist durchzogen von zahlreichen Treppen und Rampen, die über die verschiedenen Stockwerke führen. Die architektonische Struktur des Museums lädt zum Flanieren ein. Scheinbar chaotisch angeordnete Treppen und Rampen ermöglichen dem Besucher, sich durch die Ausstellung treiben zu lassen. In den Ausstellungsräumen werden wechselnde Ausstellungen zu zeitgenössischer Kunst, Architektur und Design gezeigt.

Im schönen Innenhof des Museums lädt eine Bar zum Verweilen ein. Es gibt Panini und kleine Speisen zu akzeptablen Preisen.

› Via Guido Reni 4a, Tel. 06 3201954, www.maxxi.art, geöffnet: Di.–Fr. 11–19, Sa. und So. 11–20 Uhr, Eintritt 12 €, erm. 9 €

Entdeckungen außerhalb des Zentrums

42 Caracalla-Thermen (Terme di Caracalla) ★★★ [I11]

Die Thermen sind eine faszinierende künstliche Welt aus dem 3. Jahrhundert n. Chr. Sie waren ausgestattet mit Bibliotheken, Gärten, Sportmöglichkeiten und Sauna.

Sie waren allen Bürgern frei zugänglich. Eine Reverenz, den das strauchelnde Römische Imperium dem Volk erweisen wollte, Teil des Konzepts von „Brot und Spiele“. Allerdings war dem Bau nur ein relativ kurzes Leben beschieden: Nach der Schließung der römischen Aquädukte 537 n. Chr. war es vorbei mit der öffentlichen Freizeitanlage. Das riesige Gelände ist auch ein **Parkerlebnis** zum Verweilen und Ausspannen, umgeben von Schirmpinien und Wiesen. Sehr sehenswert sind die postmodern anmutenden Bodenmosaiken im Bereich des Schwimmbads.

Vier Phasen umfasste das **Baderitual** des römischen Bürgers: Zuerst stand man in einem warmen Raum, dann nahm man ein Bad im warmen Wasser, gefolgt von einem Gang ins kalte Wasser. Den krönenden Abschluss bildete die ausgiebige Massage des ganzen Körpers. Der **Komfort** überstieg teilweise sogar die Leistungen heutiger Schwimmbäder: Im oberen Stockwerk waren Falltüren angebracht, deren Schächte direkt zu Karren führten, welche die benutzten Handtücher sofort zur Wäsche abtranspor-

Dekonstruktivistische Architektur im MAXXI 41

722ro Abb.: nw

tierten. Von Anfang Juli bis Mitte August finden in den Caracalla-Thermen auch **Opernaufführungen** statt.

› www.coopculture.it/it/poi/terme-di-caracalla, geöffnet Feb.-Sept. Di.-So. 9-19.15 Uhr, letzter Einlass 18.30 Uhr, Okt.-Jan. 9-16.30 Uhr, letzter Einlass 15.30 Uhr, Eintritt nur mit Onlinereservierung 10 €, 18-25-Jährige 4 €, unter 18 J. gratis
› Metro B bis Circo Massimo

43 Via Appia ★★★

Die mehr als 2000 Jahre alte Straße beginnt praktisch schon im römischen Stadtzentrum und führt mitten in die unberührte römische Campagna. Einer der schönsten Flecken in Rom!

Beinahe wäre das Gebiet rund um die *regina viarum* („Königin der Straßen“, so der antike Beiname der Via Appia) der Bodenspekulation zum Opfer gefallen. Heute ist ein Großteil des Geländes ein Regionalpark, der es ermöglicht, die uralte Kulturlandschaft zu schützen.

Die Appia war die erste Straße Roms, die nicht nach ihrer Funktion oder ihrem Ziel benannt wurde wie z. B. die Salaria, die Salzstraße, oder die Tiburtina, die ihren Namen von ihrem Zielort Tivoli erhielt. Vielmehr wurde sie nach ihrem Gründer, **Appius Claudius Caecus**, benannt. Unter der Leitung des Abkömmlings der bedeutenden römischen Sippe Claudia wurde die Straße 312 v. Chr. fertiggestellt. Zuerst führte sie nur in das 217 km entfernte Capua (heute: Santa Maria Capua Vetere, in der Nähe von Neapel). Damals konnte die Strecke in der seinerzeit unglaublich kur-

Wellness im alten Rom: die Caracalla-Thermen

712ro Abb.: ©Martina, stock.adobe.com

zen Zeitspanne von fünf bis sechs Reisetagen bezwungen werden.

Schon 190 v. Chr. führte die Via Appia bis Brindisi in Süditalien, dem **Tor des Orients.** Damit war für den römischen Imperialismus der Weg frei für die Raubzüge in den Nahen Osten und Nordafrika. Der in der Nähe von Rom liegende Hafen von Ostia wurde erst später in Betrieb genommen. Die Beute musste also über die 584 km lange Straße nach Rom geschafft werden.

An der Appia wurden in altrömischer Zeit die Angehörigen der bedeutenden Familien begraben. Ein altes Gesetz schrieb den Römern vor, ihre Toten vor den Toren der Stadt zu beerdigen. Trauerzüge geleiteten die Verstorbenen zu ihren **Grabstätten.** Die Totenmaske wurde während des Trauerzuges von Leuten getragen, die an Größe und Aussehen dem Verstorbenen ähnlich waren. Diese kleideten sich dann auch in entsprechende Gewänder: War der Verstorbene ein Konsul oder Prätor, so trugen sie eine Toga mit Purpursaum, war er etwa Zensor, so bekleideten sie sich mit einem Gewand aus Purpurstoff. Die Überreste der alten Grabstätten entlang der Appia Antica künden noch heute von der einstigen Begräbnisstätte.

Noch etwas zu der **Reisegeschwindigkeit** auf römischen Straßen: Der speziell für Cäsar angefertigte, gefederte Wagen konnte pro Tag 150 Kilometer zurücklegen; zudem konnte der Staatschef seine Korrespondenz auf der Fahrt erledigen.

Ein makabres Detail zur Appia: Crassus ließ nach dem Sieg über Spartakus die bei den Kämpfen **gefangenen aufständischen Sklaven** an der Via Appia kreuzigen. In römischer

Die Via Appia (43) ist eine der ältesten Straßen der Welt

Genauigkeit ließ er als Mahnung an alle, die Ähnliches im Schilde führten, auf der über 200 km langen Strecke bis Capua alle 200 m ein Kreuz errichten – ein Symbol für die Sachlichkeit und Härte der Römer.

Von Genauigkeit der Planung sprechen auch die baulichen Details der Straße: Sie war 4,15 m breit und damit auch für Gegenverkehr geeignet, begrenzt von 1,50 m breiten Bürgersteigen, die man sich als mit Steinen eingefasste Trampelpfade vorstellen muss. In regelmäßigen Abständen von etwa 14 km befanden sich Poststationen zum Pferdewechsel, Übernachten oder Essen. Alles mutet wie eine **antike Autobahn** an und steht für ein Rom, das gerade im Begriff war, die Weltherrschaft zu erobern. Während der ständig wachsenden Bedrohung des Imperiums durch die **Germanen** in nachchristlicher Zeit wollten die Römer den Feinden auf keinen Fall Versorgungs- und Unterschlupfmöglichkeiten vor den Toren Roms bieten. Deshalb ließen sie die Straße veröden.

Die ursprüngliche Via Appia hatte ihren **Ausgangspunkt** an der Porta Capena, die in republikanischer Zeit ein Stadttor Roms bildete. Heute kennzeichnet die Piazza di Porta Capena [H10] inmitten der Stadt die Stelle, an der das Tor einmal gestanden hat. Um das richtige „Appia-Feeling" zu bekommen, sollte man seinen Rundgang gleich hier beginnen. Für einen Spaziergang zur Appia Antica mit ihren Gräbern, urchristlichen Katakomben und der Gedenkstätte für die 335 von den Deutschen erschossenen Italiener sollte man einen ganzen Tag veranschlagen.

› Mit der Metrolinie B fährt man bis Circo Massimo, geht dann am FAO-Gebäude vorbei und stößt nach etwa 50 Metern auf die Piazza di Porta Capena. Hier geht rechts die Via delle Terme ab.

› Eine andere, nicht uninteressante Möglichkeit ist die Annäherung an die Appia über das Tal der Caffarella (Metrolinie A bis Colli Albani). Durch eine der Seitenstraßen in Richtung Via Latina gelangt man in das riesige Caffarellatal. Von hier aus bis zur Via Appia muss man mit gut zwei Stunden rechnen. Dieser Weg ist nur Leuten zu empfehlen, die gut zu Fuß sind.

› Wer den Weg auf der Via Appia lieber mit dem Bus zurücklegen möchte, nimmt den Bus 218 (ab Hauptbahnhof), der bis zu den Fosse Ardeatine fährt.

Der archäologische Park an der Via Appia

Bis in die 1980er-Jahre diente das Gebiet zwischen der Via Appia und dem Caffarellatal als Müllabladeplatz und Spekulationsobjekt. Genauso lange währte der Kampf verschiedener Umweltorganisationen und der Archäologen gegen den Missbrauch des Gebiets. Seit 1988 gehören die Via Appia und ihre nähere Umgebung zum **Parco Regionale dell'Appia Antica** und sind somit vor weiteren Bausünden und dem zunehmenden Autoverkehr geschützt.

- **23 Appia Antica Service Center,** Via Appia 58/60, Bus 218 und 118, Tel. 06 5135316, Mo.–Fr. 9.30–13 und 14 Uhr bis Sonnenuntergang. In dem Informationsbüro befindet sich ein Fahrradverleih (www.ecobikeroma.it) und es werden geführte Touren (auch zu Fuß) entlang der Via Appia angeboten. Im gleichen Gebäude residiert auch das **Büro des Regionalparks.** Hier gibt es Eintrittskarten für einige der Sehenswürdigkeiten und Informationsmaterial.

› www.parcoappiaantica.it

44 Fosse Ardeatine ★★

Die Fosse Ardeatine sind die wichtigste Gedenkstätte für die Opfer des italienischen Widerstands im Zweiten Weltkrieg.

Nachdem eine Gruppe italienischer kommunistischer **Partisanen** in der Via Rasella ein Bombenattentat auf einen Lastwagen der SS verübt hatte, bei dem 32 Soldaten ums Leben kamen, wurden hier am 24. März 1944 335 Italiener zur Vergeltung des Anschlags kaltblütig von den Deutschen umgebracht. Dem Leiter der Aktion, Herbert Kappler, gelang es im August 1977, aus einem italienischen Militärkrankenhaus zu entkommen. Schlagzeilen machte 1995 die Entdeckung des zweiten Mannes des Verbrechens, Erich Priebke, in Argentinien. Erst nach einem Revisionsverfahren wurde er zu 15 Jahren Haft verurteilt.

Die Gedenkstätte ist von **bombastischen Ausmaßen**, gespenstisch und erdrückend suggestiv. Das gerade geborene demokratische Italien benutzte das Mahnmal zur Eigenwerbung und auch zur Verdrängung der eigenen faschistischen Vergangenheit. Hier werden Menschen zu Helden gemacht, die keine waren und keine sein wollten. Der etlichen jüdischen Opfer unter den in den Fosse Ardeatine Hingerichteten wird durch einen einsamen Davidsstern und hebräische Inschriften gedacht.

› Via Ardeatina 174, www.mausoleofosseardeatine.it, geöffnet: Mausoleum Mo.–Fr. 8.15–15.30, Sa., So. 8.15–16.30, Museum 8.15–15.15, Sa., So. 8.15–16.15 Uhr, Eintritt kostenlos

› Bus 218 ab Hauptbahnhof bis zu den Fosse Ardeatine

45 Katakomben von San Callisto (Catacombe di San Callisto) ★★★

In den Katakomben befindet sich eine Krypta für die Märtyrerpäpste aus dem dritten nachchristlichen Jahrhundert. Weiter führt der Weg durch kilometerlange Gänge, entlang an Gräbern Tausender Christen, fein säuberlich aufeinandergestapelt, um Platz für die Toten der immer größer werdenden Gemeinde zu gewinnen.

Eine **Besichtigung** der Katakomben ist nur mit Führer möglich. Vor dem Eingang sammeln sich die Gruppen vor den aufgestellten Schildern, die die jeweilige Sprache, in der die Führung durchgeführt wird, anzeigen. Alles hier atmet einen Hauch von christlich inspiriertem Massentourismus, trotzdem handelt es sich um einen durchaus lohnenswerten Ausflug in die Geschichte des Urchristentums.

Gioacchino Belli (1791–1863), römischer Volksdichter, schrieb über den schwunghaften Handel, den schlitzohrige Römer mit den **Skeletten der Märtyrer** trieben: „Ein heiliges Labyrinth, da sind verstreute Schienbeine, Beckenknochen, Finger, Zehen, man kann auch hier und da ein Steißbein sehen, all die Reliquien finden sich noch heute. Im bleichen Flackerschein des Ewigen Lichts sammelt man sich das heilige Gebein und macht ein Skelett davon, das kostet nichts. Und bringt noch Geld, denn es wird gern gekauft. Wo noch was fehlt, flickt man ein Stückchen ein, das Ganze wird als Märtyrer getauft."

› Via Appia Antica 110, www.catacombesancallisto.it, geöffnet: Do.–Di. 9–12 und 14–17 Uhr, Eintritt 10 €, bis 16 Jahre 7 €, inklusive 30-minütiger Führung (auch auf Deutsch)

› Bus 218 bis Haltestelle Fosse Ardeatine

46 Ostia ★

Ostia ist berühmt für seine Hässlichkeit: Lieblos aneinandergereihte Hochhäuser prägen das Stadtbild. Aber es gibt auch schöne Seiten zu entdecken, etwa der herrliche Pinienwald Castelfusano oder die außerhalb des Zentrums gelegenen, frei zugänglichen Badestrände.

Die eigentliche Stadt Ostia gibt es erst seit gut 100 Jahren. Nach der Trockenlegung des malariaverseuchten Sumpfgebiets unter Mussolini wurde Ostia Lido in den 1930er-Jahren zum **Badeort der „besseren Gesellschaft“** Roms. Die architektonisch interessanten Badeanstalten und die Villen am Strand erinnern noch an die rauschenden Feste, die hier von den Reichen und Schönen Roms gefeiert wurden.

Nach dem Zweiten Weltkrieg nahm Ostia die **Zugewanderten** aus dem Süden Italiens auf. Der ehemalige Glanz Ostias verblasste schnell, die Stadt bekam den Ruf eines schlechten Wohnviertels. In den 1980er-Jahren setzte wieder ein **sozialer Wandel** ein: Die unbezahlbar gewordenen Mietpreise in Rom zwangen den Mittelstand, zunehmend auch nach Ostia zu ziehen. Außerdem zog das Personal des immer bedeutender werdenden Flughafens Roma Fiumicino nun auch immer häufiger dorthin. Die teuren Geschäfte auf der Hauptstraße Ostias, der Via delle Baleniere, zeugen von der veränderten Sozialstruktur.

Eine Funktion hat sich die Stadt mit ihren mittlerweile 200.000 Einwohnern aber immer bewahrt: An den Wochenenden des heißen römischen Sommers strömen die Einheimischen an den **Strand** von Ostia. Die früher

MEIN TIPP

Fischrestaurants in Ostia

24 Ristorante al Mare Poseidone €€, Lungomare Duca degli Abruzi 74, www.ostiaristorante.com, geöffnet: Di.–So. Direkt am schicken Touristenhafen außerhalb des Zentrums gelegen, frischer Fisch und gehobene, aber faire Preise.

25 Ristorante Edonè €, Lungomare Toscanelli 103, www.ristoranteedoneostia.it. Einfaches „Volksrestaurant“, in dem man hauptsächlich Einheimische trifft. Blick auf Meer und Strand, einfache Fischgerichte und gute Pizza.

Rom am Meer: Blick auf Ostia

723ro Abb.: ©jasckal, stock.adobe.com

724ro Abb.: fs

Ostia Antica vermittelt einen Einblick in das Alltagsleben im Römischen Reich

bedenkliche Wasserqualität hat sich in den vergangenen Jahren deutlich verbessert. Sauberer wird das Wasser, je weiter man Richtung Süden (Torvaianica) fährt.

Wer einen Spaziergang im **Pinienwald** *(pineta)* unternehmen will, fährt vom Bahnhof mit dem Bus Nr. 6 zur Villa Plinio. Von hier aus führt ein Spazierweg (für Autos ist die Einfahrt verboten) 2 km weit durch den herrlichen Pinienwald. In der Kurve, die man dann erreicht, führt ein Waldweg durch einen Zaun zur wenig bekannten **Villa des antiken Dichterfürsten Plinius.** Es sind zwar nur noch die Grundmauern und ein Neptunmosaik erhalten geblieben, aber die herrliche Vegetation in der Umgebung entschädigt den Besucher.

› Metrolinie B bis Magliana, dann umsteigen in den Zug nach Ostia Lido (etwa 40 Minuten). Da Ostia zu Rom gehört, genügt das einfache Ticket für 1,50 €.

47 Ostia Antica ★★★

Den Besucher erwartet eine gut erhaltene antike Vorstadt von beträchtlichen Ausmaßen, die den Vergleich mit Pompeji nicht scheuen muss. Weil aber in der römischen Innenstadt schon so viel zu sehen ist und viele Reisende den Weg nach Ostia scheuen, sind die Ausgrabungen relativ wenig besucht.

Wirkliche Bedeutung für Rom erlangte Ostia zur Kaiserzeit. Die Via Appia als große Versorgungsstraße wurde zunehmend von dem immer bedeutender werdenden **Handelshafen** Ostia abgelöst. Zu seiner Blütezeit im 1. Jahrhundert n. Chr. zählte Ostia 50.000 Einwohner. Hochhäuser mussten errichtet werden, um der immer Nachfrage nach Wohnraum gerecht zu werden. Ostia muss wohl die **multikulturelle Stadt** schlechthin gewesen sein; davon zeugen die Überreste der Mithras-Heiligtümer, der Synagogen und ägyptischen Tempel. Auf dem Gelände der Ausgrabungen gibt es eine kleine Cafeteria, einen Buchladen und ein Museum.

Gleich neben der Ausgrabungsstätte liegt das moderne Dorf Ostia Antica, das heute hauptsächlich von Angestellten des nahe gelegenen Flughafens bewohnt wird. Ein Spaziergang durch die mittelalterlichen Gassen lohnt sich auf jeden Fall.

› www.ostiaantica.beniculturali.it, geöffnet (Ausgrabungsstätte) Di. – So.: letzter Sonntag im Okt. bis 15.2. 8.30–15.30 Uhr, 16.2. bis 15.3. 8.30–16 Uhr, 16. März bis zum letzten Samstag im März 8.30–16.30 Uhr, letzter Sonntag im März bis 31.8. 8.30–18.15 Uhr, Sept. 8.30–18 Uhr, 1.10. bis zum letzten So. im Oktober 8.30–17.30 Uhr, Eintritt 12 €, 18–25 Jahre 2 €

338ro Abb.: nw

711ro Abb.: fs

Rom für Architektur- und Kunstfreunde

Egal ob Kaiser, Päpste, Diktatoren oder Könige: Seit der Gründung Roms vor fast 2800 Jahren war die Bauwut seiner jeweiligen Herrscher nahezu unersättlich. Triumphbögen, Kirchen und Paläste wurden errichtet, um Untertanen oder auch politische Gegner und Feinde zu beeindrucken, ihnen zu schmeicheln oder ihnen gar zu drohen. Dabei entstand die prächtigste Architektur des Abendlandes. Kommen Sie mit auf eine Zeitreise durch 2500 Jahre Kunst- und Architekturgeschichte, die man nirgendwo so kompakt vorfindet wie in Rom.

Einer der Dioskuren am Kapitol 1

Vorseite: Erlebnis und Genuss gehören in Rom immer zusammen

Die Faszination des alten Rom mit seinen Cäsaren, von denen die ganze damals bekannte Welt beherrscht wurde, entdeckt man am besten im **Pantheon** 18, einem Tempel aus dem 1. Jahrhundert n. Chr. Auf dem **Forum Romanum** 2 können Architekturfreaks den Grundriss der Basiliken studieren, römische Zweckbauten, die Vorbild für den späteren christlichen Kirchenbau waren. Die Kaiserforen 8 und Marktplätze, die sich die jeweiligen Kaiser bauen ließen, vermitteln noch heute einen Eindruck vom alltäglichen Leben im alten Rom.

Was für die römischen Kaiser galt, traf auch auf die nachfolgenden Herrscher Roms, die Päpste, zu. Auch sie versuchten mit den Mitteln der Architektur ihre Anhänger zu beeindrucken und ihren Ideen Ausdruck zu geben. Das Mittelalter war geprägt von bürgerkriegsähnlichen Auseinandersetzungen in Rom um die Position des Papstes. Trotzdem entstanden auch in dieser Zeit bedeutende Bauwerke wie die Kirchen **Santa Maria in Trastevere** 33 und **San Clemente** 6. In San Clemente sollten Sie unbedingt gewesen sein: Die Kirche ist auf den Fundamenten eines römischen Hauses errichtet worden, das man besichtigen kann.

Viele Kirchen wurden im Mittelalter restauriert und mit den sogenannten *campanili,* hohen Glockentürmen, versehen, so z. B. **Santa Maria in Cosmedin.** Im 13. Jahrhundert schließlich wurde der damalige Sitz der Päpste, der **Lateranpalast**, renoviert und aufwendig ausgebaut.

Mit dem Ende des Mittelalters und dem Beginn der Renaissance erlebte Rom eine tief greifende architektonische Veränderung und damit einen Aufschwung wie sonst keine Stadt in Europa. In nur 100 Jahren entstanden 54 neue oder renovierte Kirchen, 60 Adelspaläste, Wohnhäuser für 50.000 bis 70.000 Einwohner und 30 neue Straßen. Selbst vor den Überresten des antiken Rom machte die Spitzhacke der päpstlichen Bauherren nicht halt. Die Steine für die Tiberbrücke Ponte Sisto etwa stammen aus dem Kolosseum 4.

Rom sollte eine „Wiedergeburt“ (Renaissance) erleben und ein Gegengewicht zur Reformation bilden, die im Europa des 16. Jh. immer mehr Menschen in ihren Bann zog. Die Macht des Katholizismus fand ihren Ausdruck in sternförmig angelegten Straßen und bombastischen Plätzen, wie z. B. der **Via del Corso** 12 zwischen Piazza del Popolo und Piazza Venezia. Die berühmtesten Werke aus dieser Phase der künstlerischen Massenproduktion in Rom sind heute in der **Villa Borghese** 22 zu bewundern, sicherlich eines der schönsten Museen in Rom.

Was der Tourist heute als das Rom der Päpste besichtigt, ist also in relativ kurzer Zeit entstanden. Michelangelo bebaute das **Kapitol** 1 im Stil der Renaissance. Heute sind die wichtigsten Fundstücke aus dem antiken Rom in den **Kapitolinischen Museen**, am geografischen Mittelpunkt Roms untergebracht.

Zu den während der Renaissance entstandenen Bauwerken gehört der neu gestaltete **Vatikan** mit der ebenfalls von Michelangelo gestalteten Kuppel des **Petersdoms** 37, der jetzt zum endgültigen Sitz der Päpste wurde. Auch der **Quirinalspalast,** in dem heute der italienische Staatspräsident residiert, zählt zu den wichtigen Renaissancegebäuden Roms.

Raffael erhielt von Papst Julius II. den Auftrag, die **Sala della Segnatura** im Vatikan neu auszumalen. Es entstanden die „Stanzen des Raffael“, die als Höhepunkt der Renaissancemalerei gelten. Auch wenn die Schlangen vor den **Vatikanischen Museen** 38 abschreckend sind – der Besuch lohnt sich auf jeden Fall.

Sieben **Pilgerkirchen** ließen die Päpste errichten. Wer sie alle besucht, erhält nach katholischer Überzeugung einen Ablass, das heißt, er bekommt alle Sünden, die er bis zu dem Zeitpunkt seines Besuchs angesammelt hat, erlassen. Alle sieben Kirchen sind architektonische Meisterleistungen, die das Bewusstsein der Gläubigen ein Stückchen näher zum Himmel rücken sollten. Wer keine Zeit für so viel Frömmigkeit hat, sollte zumindest die sehenswerte und zentral gelegene **Santa Maria Maggiore** 26 besuchen.

Im 17. Jh. wurde unter den Päpsten Urban VIII., Innozenz X. und Alexander VII. das Stadtbild immer barocker. Das Mäzenatentum des Klerus nahm absurde Ausmaße an. Karrieren wurden von denjenigen gemacht, die besonders viel Geld in Gebäude, Brunnen und Plätze investierten. Die Künstler dankten es ihren Gönnern, indem sie die Wappen und Symbole der römischen Papstfamilien immer wieder in ihre Kunst einarbeiteten.

Wie wirkungsvoll die Kunst des Barock ist, lässt sich am besten auf der **Piazza Navona** ⑲ erfahren: Hier stehen die bedeutendsten Werke der barocken Baumeister Roms: der **Vierströmebrunnen** (Fontana dei Fiumi) von Bernini und die **Kirche San Agnese** von Borromini.

Besonderes Augenmerk sollte der Architekturfreund natürlich dem von Bernini gestalteten **Petersplatz** ㊱ mit den ihn umgebenden Kolonnaden schenken.

Im 18. Jh. schließlich wurden durch den Bau der **Spanischen Treppe** ㉗ und der **Fontana di Trevi** ㉕, in der Anita Ekberg unter den aufmerksamen Blicken Marcello Mastroiannis

Mein Tipp

Das Viertel der Moderne

Ein besonderer Tipp für Freunde der klassischen Moderne: Im Südosten Roms entstand ab 1938 ein riesiges Stadtviertel „im Stil der neuen Zeit“: EUR, eine durchaus sehenswerte Verbindung von Elementen der Moderne, des Bauhaus und des typisch italienischen „Razionalismo“, gemischt mit einem Hang zum Bombastischen.

Das Stadtviertel war ursprünglich für die geplante Weltausstellung (Esposizione Universale di Roma, EUR) 1942 angelegt worden, die aber wegen des Zweiten Weltkriegs nie stattfand. Nach dem Zweiten Weltkrieg war EUR eine Geisterstadt, ein „modernes Pompeji“, wie es der Schriftsteller Guido Piovene seinerzeit ausdrückte. In den späten 1950er-Jahren wurde die faschistische Musterstadt renoviert und ist heute eines der beliebtesten und teuersten Wohnviertel in Rom. Das Stadtviertel ist ab Hauptbahnhof mit der Metrolinie B zu erreichen (Haltestelle EUR Fermi).

351ro Abb.: fs

ihr berühmtes Bad genommen hat, weitere barocke Akzente gesetzt.

1870, als Rom Hauptstadt Italiens wurde, begann die Bautätigkeit des jungen Königreichs Italien. Prachtstraßen und neue Gebäude entstanden: das mächtige **Justizministerium** [E6] am Tiberufer, die platanenbewachsene **Viale di Trastevere** [D12–F9] im gleichnamigen Stadtteil und das wirklich hässliche **Nationaldenkmal** an der Piazza Venezia ⑩. Der Tiber wurde wegen häufiger Überschwemmungen eingemauert. Rom war auf dem Weg in das 20. Jh. Auf den Wiesen in der Nähe des Petersdoms entstand ein neues Stadtviertel, **Prati**, das mittlerweile eines der beliebtesten und teuersten Wohngebiete in Rom ist.

Als der Faschismus 1925 die Macht in Italien übernahm, wurden ganze Stadtteile niedergerissen, um Mussolinis Traum eines imperialen Rom entstehen zu lassen. Die **Via della Conciliazione** ㉟ am Petersdom entstand als Verbindung zwischen dem weltlichen und dem kirchlichen Rom. Ein weiteres Beispiel für die Umgestaltung der Stadt durch die Faschisten ist die **Via dei Fori Imperiali** [H8/9], die 1931–1933 errichtet wurde. Mussolini träumte schon seit der faschistischen Machtergreifung davon, einen Durchblick vom Nationaldenkmal an der Piazza Venezia zum Kolosseum zu schaffen. Ein jahrhundertealtes, gewachsenes Stadtviertel fiel schließlich dem Bau der Straße zum Opfer.

Nach Jahrzehnten des architektonischen Stillstands entstanden Ende des vergangenen Jahrhunderts einige bemerkenswerte moderne Gebäude in der Tiberstadt. Im Zentrum Roms entwarf Richard Meier eine Hülle aus Glas und Stahl für den Friedensaltar des Augustus *(Ara Pacis)*. Der Stararchitekt Renzo Piano schuf 2002 im Stadtteil Flaminio das Auditorium (s. S. 95), eine futuristische Konzerthalle. Ganz in der Nähe wurde 2010 das **Maxxi** ㊶, Italiens erstes Architekturmuseum, eröffnet. Die mittlerweile verstorbene Star-Architektin Zaha Hadid hat hier ein gewaltiges verschachteltes Gebäude aus Glas und Beton geschaffen.

Museen und Galerien

Museen

Die staatlichen Museen können **am ersten Sonntag im Monat kostenlos** besichtigt werden. Besucher unter 18 Jahren zahlen keinen Eintritt, zwischen 18 und 25 gibt es eine Ermäßigung.

Aktuelle Infos zu den **Wechselausstellungen** gibt es unter www.museiincomuneroma.it.

- **26** [G3] **Etruskisches Nationalmuseum in der Villa Giulia (Museo Nazionale Etrusco di Villa Giulia),** Piazzale Villa Giulia 9, Tel. 06 3226571, Di.–So. 9–20 Uhr, Kasse schließt um 19 Uhr, www.museoetru.it, Eintritt 10 €, Metro Flaminio. Umfangreiche Sammlung etruskischer Grabbeigaben und Schmuckgegenstände. Sehenswert ist die Rekonstruktion eines etruskischen Tempels.
- ⑭ [G5] **Goethemuseum (Museo di Goethe).** Das Museum ist untergebracht in dem Haus, in dem Goethe während seines Romaufenthaltes weilte. Ausstellungen sowohl über den deutschen Dichter als auch über seine Zeitgenossen. (s. S. 39).
- **27** [G8] **Kapitolinische Museen (Musei Capitolini),** Piazza del Campidoglio, Tel. 06 39967800, tägl. 9.30–19.30 Uhr, Eintritt 16 €, www.museicapitolini.org. Dies ist sicherlich eines der wichtigsten

Museen in Rom mit einer bemerkenswerten Sammlung altrömischer Kunst.

M28 **Mauernmuseum (Museo delle Mura),** Via di Porta San Sebastiano 18, Tel. 06 70475284, Di.–So. 9–14 Uhr, Eintritt frei, www.museodellemuraroma.it. Alles über die alten Stadtmauern Roms erfährt man hier.

41 [S. 67] **MAXXI.** Das Museum für moderne Kunst und Architektur in einem spektakulärer Neubau im Stadtteil Flaminio zieht die Besucher Roms in seinen Bann (s. S. 67).

M29 [G9] **Museo Ebraico di Roma (Jüdisches Museum),** Lungotevere Cenci, Straßenbahn 8 bis Largo Argentina, https://museoebraico.roma.it, April–Sept. So–Do. 10–18, Fr. 10–16, Okt. So–Do. 10–17, Fr. 9–14, Nov.–Mitte Jan. So.–Do. 10–16/16.30 Uhr, Fr. 9–14, Mitte Jan.–März So.–Do. 10–19, Fr. 9–14 Uhr, Eintritt 11 €. Im Jüdischen Museum kann man viel über die Geschichte der Juden in Rom erfahren. Es werden auch deutschsprachige Führungen angeboten. Die Eintrittskarte berechtigt zur Teilnahme an einer Führung.

11 [G8] **Museo Nazionale del Palazzo di Venezia.** Renaissancemalerei, italienische Malerei des 17. und 18. Jahrhunderts, Skulpturen von Bernini (s. S. 37).

M30 [F7] **Palazzo Altemps,** Piazza Sant'Appolinare 8, Bus 70, 81, www.museonazionaleromano.beniculturali.it, Di.–So. 11–18 Uhr, Eintritt 10 €, frei für Personen unter 18 und über 65. Eine der schönsten Sammlungen antiker griechischer und römischer Skulpturen.

38 [C5] **Vatikanische Museen (Musei Vaticani).** Viele verschiedene Einzelmuseen, die Sixtinische Kapelle und die Stanzen des Raffael – einer der Höhepunkte einer Romreise (s. S. 63).

Gemäldegalerien

22 [I4] **Galleria Borghese.** Die Kunstsammlung umfasst Meisterwerke aus dem 16. und 17. Jahrhundert, darunter Arbeiten von Raffael, Caravaggio, Tizian und Bernini. Eines der bedeutendsten Museen der Welt (s. S. 46).

G31 [G3] **Galleria Nazionale d'Arte Moderna (GNAM),** Viale delle Belle Arti

509ro Abb.: jg

312ro Abb.: nw

131, Tel. 06 322981, https://lagallerianazionale.com, Di.–So. 9–19 Uhr, Eintritt 10 €, EU-Bürger 18–25 Jahre 5 €, unter 18 Jahren frei. Gemälde aus den letzten beiden Jahrhunderten von Malern wie van Gogh, Courbet und Monet bis zu Yves Klein.

32 [F8] **Galleria Spada,** Piazza Capo di Ferro 13, Tel. 06 6874893, http://galleriaspada.beniculturali.it, Mi.–Mo. 8.30–19.30, Tickets bis 19 Uhr, Eintritt 5 €, EU-Bürger 18–25 Jahre 2,50 €, unter 18 Jahren frei. Gemäldesammlung mit Werken von Tizian, Albrecht Dürer und Guido Reni, nur wenige Schritte vom Campo de' Fiori, untergebracht in einem der schönsten Palazzi der Stadt.

33 [I6] **Gallerie Nazionali Barberini Corsini: Palazzo Barberini,** Via delle Quattro Fontane 13, www.barberinicorsini.org, Di.–So. 10–18 Uhr, Kombiticket mit Villa Corsini 12 €, EU-Bürger 18–25 Jahre 2 €, online vorbestellbar unter www.ticketone.it. In der Gemäldesammlung im Palazzo Barberini befinden sich unter anderem Werke von Raffael, Caravaggio und Tizian.

34 [E8] **Gallerie Nazionali Barberini Corsini: Villa Corsini,** Via della Lungara 10, www.barberinicorsini.org, Di.–So. 10–18 Uhr. Das Schwestermuseum des Palazzo Barberini befindet sich in Trastevere.

35 [K4] **MACRO,** Via Nizza 138, Tel. 06 671070400, www.museomacro.it, Di.–Fr. 12–19, Sa., So. 10–19 Uhr, Eintritt frei. Museum für zeitgenössische Kunst in den Räumen der ehemaligen Brauerei der Birreria Perroni, die einen ansprechenden Rahmen für die Sammlung bietet.

Meisterwerk von Zaha Hadid: das Dach des Museums für Moderne Kunst 41

Verdiente Pause nach dem Kunstgenuss vor der Galleria Borghese 22

011ro Abb.: fs

Rom für Genießer

Die römische Küche

Die römische Küche ist eine typische cucina povera, eine Armeleuteküche, die überall auf der Welt nicht die schlechteste ist. Allerdings haben die römischen Restaurants in Italien nicht den allerbesten Ruf. Das, was international als gehobene italienische Küche bekannt ist, findet doch mehr im Piemont, in der Emilia Romagna oder in Apulien statt. Aber schauen wir sie uns doch einmal an, die typischen volkstümlichen römischen Gerichte.

Die *coda alla vaccinara* etwa, den geschmorten Ochsenschwanz, wird man in anderen Regionalküchen Italiens vergeblich suchen. Überhaupt ist die Vielzahl der in Rom zubereiteten **Innereien** ein typisches Merkmal der römischen Küche: *trippa alla romana,* das sind Kutteln, oder *pajata,* Kalbsgekröse mit dicken Röhrennudeln, sind nur zwei Beispiele.

Wer diese Art der römischen Küche kennenlernern will, geht am besten zu **Checchino** (s. S. 86). Seit 1887 ist das Restaurant im Stadtteil Testaccio eine der Topadressen in Rom. Auch im Guide Michelin ist Checchino erwähnt. Das historische Ambiente ist beeindruckend und der Koch ein römisches Original. Auch wenn die angebotene Küche volkstümlich ist, billig kommt man bei Checchino nicht weg.

Bei den **Vorspeisen** ist noch das *supplì* zu erwähnen, eine mit Mozzarella und Reis gefüllte Krokette. Sehr lecker ist auch die *bruschetta,* die gerne in den römischen Pizzerien als Vorspeise serviert wird. Geröstetes Weißbrot wird mit Knoblauch eingerieben, dann mit Ölivenöl beträufelt und mit frischen Tomaten belegt.

Wer **Fleischspeisen** *(carne)* mag, wird feststellen, dass diese in Rom teuer sind. Zu den Spezialitäten gehört beispielsweise Lamm, das in Rom nicht wie im restlichen Italien *agnello* sondern *abbachio* genannt

Artischocken spielen in der römischen Küche eine wichtige Rolle

wird. Typisch ist auch *saltimbocca alla romana,* dünne Kalbsschnitzel mit Salbeiblättern und Schinkenscheiben belegt. Auch die *porchetta* ist eine typisch römische Spezialität: Ein Spanferkel wird ausgebeint, mit Kräutern gefüllt und im Ofen gebraten. In Scheiben geschnitten, wird es gerne auf der Straße als Imbiss verkauft.

Dass sich die römische Küche lange Zeit auf wenige Zutaten beschränken musste, lag auch an dem schlechten Zustand der Landwirtschaft in der Umgebung. Die römische Campagna war jahrhundertelang ein Gebiet aus unfruchtbaren Weiden und Sümpfen. Deswegen wurden solch einfache Gerichte wie die **frittierten Zucchini- oder Kürbisblüten** geboren, die übrigens köstlich schmecken und gerne in den Pizzerien Roms als Vorspeise serviert werden *(fiori di zucchine fritte).*

Auch **Wildkräuter** finden in der römischen Küche ihre typische Verwendung: Wilder Rucola, Pimpernelle oder im Winter Puntarelle, eine bittere Salatpflanze, die mit Knoblauch, Sardellen und Olivenöl angemacht wird.

Fisch

Fisch *(pesce)* ist eine der teureren Speisen in Rom. Der Tiber hat nie besonders viel Fisch geliefert und der Zugang zum Meer war jahrhundertelang versumpft. Schon immer war aber der sogenannte Armeleutefisch *baccalà* (Stockfisch) weit verbreitet. Heute gilt er als römische Spezialität.

Wer gute Fischgerichte, Muscheln und Meeresfrüchte zu sich nehmen will, fährt am besten an den Strand von Ostia 46 oder in das Fischerdorf Fiumicino in der Nähe des Flughafens.

MEIN TIPP

Feinschmeckertipp

Zu den beliebtesten Spezialitäten in Rom zählen die **Artischocken**. Sie werden im Winter, wenn die Distelart geerntet wird, in vielen römischen Restaurants angeboten. Die berühmteste Methode der Zubereitung heißt *alla guidia,* zu Deutsch: auf jüdische Art. Die geputzten Artischocken werden dazu in heißem Olivenöl gebraten.

Pizza

Ein wichtiges kulinarisches Thema ist natürlich auch die Pizza. Gleich vorneweg: Ich habe schon etliche Briefe bekommen, in denen sich Leser darüber beschwert haben, dass es in Rom mittags keine Pizza gibt. Dem ist leider so, der Pizzaofen wird in Rom nun mal meist erst abends angeheizt. Als Ausweichmöglichkeit gibt es nur *Pizza al taglio,* das sind geschnittene Pizzastücke, die es aufgewärmt als Fast Food an nahezu jeder Ecke auch tagsüber gibt.

Ansonsten zeichnet sich die römische Pizza durch einen hauchdünnen, sehr knusprigen Teig aus, den es so nur in Rom gibt. In Neapel, wo die Pizza geboren wurde, ist der Teig etwas dicker. Wer eine Pizza bestellt, sollte sie möglichst schnell und heiß essen. Da der Teig so hauchdünn ist, droht er schnell durchzuweichen, dann kann die Auflage herunterfallen und die Pizza schmeckt einfach nicht mehr.

Gastro- und Nightlife-Areale

Bläulich hervorgehobene Bereiche in den Karten kennzeichnen Gebiete mit einem dichten Angebot an Restaurants, Bars, Clubs, Discos etc.

Was ist eigentlich eine Pinsa?

Erfunden hat das ovale Fladenbrot, das sich äußerlich kaum von einer Pizza unterscheidet, der Römer Cerrado di Marco. Der rührige Unternehmer vertreibt Mehlmischungen und begann, „als auf dem Pizza-Markt nichts mehr zu holen war", zu experimentieren. 2001 war sein neues Produkt fertig. Statt der traditionellen drei Zutaten Wasser, Hefe und Mehl wird der Teig seiner „Pinsa" aus Reis-, Weizen- und Sojamehl hergestellt, dadurch wird er knackig. Dazu kommt etwas Sauerteig. Außerdem muss der Teig 72 Std. lang gehen, dadurch wird er bekömmlicher.

Den Namen leitete der geschäftstüchtige Unternehmer von dem lateinischen „pinsere" ab, was so viel bedeutet wie zerstoßen – das bezieht sich auf die Art, wie die alten Römer ihr Mehl herstellten. Dann behauptete er auch noch, selbst vor 2000 Jahren wäre in Rom schon Pinsa gegessen worden: eine kleine Marketinglüge, wie er heute augenzwinkernd zugibt.

Getestet wurden die ersten Pinse im Restaurant Pratolina im noblen römischen Stadtteil Prati. Angeblich habe schon nach wenigen Wochen in dem Lokal niemand mehr Pizza bestellt. Die Pinsa jedenfalls trat einen internationalen Siegeszug an. Die Backmischungen der Familie di Marco werden in die ganze Welt exportiert und in Rom kommt die Pinsa mittlerweile häufiger auf den Tisch als die traditionelle Pizza.

36 [D5] **Ristorante Pratolina** €€, Via degli Scipioni 248, www.lapratolinaprati.com, geöffnet: tägl. 17.30–24 Uhr. Wer die Pinsa an ihrer „Geburtsstätte" probieren will, muss hier einkehren.

Pasta

Natürlich wird auch in Rom Pasta gegessen. Allerdings besteht die *pastaciutta* im Gegensatz zu Norditalien, wo auch gerne Eiernudeln serviert werden, meistens aus Hartweizengrieß. Die typisch römische Nudelspeise schlechthin sind die *buccatini all'amatriciana,* die nach dem kleinen Dorf Amatrice in den Abruzzen benannt ist. Viele Römer sind in den letzten hundert Jahren aus den Abruzzen zugewandert und haben das Rezept in die Hauptstadt mitgebracht.

„Lo chef consiglia" – der Küchenchef empfiehlt

Besonderheiten der Gastronomie

Oft wird für das sogenannte **coperto** (das Gedeck) ein zusätzlicher Betrag erhoben, der bis zu 4 € pro Person betragen kann.

Ein italienisches Essen beginnt mit den *antipasti* (Vorspeisen), dann kommt *il primo piatto* (Pasta, Gnocchi, Risotto), gefolgt vom *secondo* (Fleisch oder Fisch). Beilagen *(contorni)* müssen extra bestellt werden. Wer etwa einen Lammbraten bestellt, muss extra Kartoffeln und Gemüse verlangen, sonst bekommt er nur das Fleisch. Beim Dessert kann man zwischen *il dolce* (Süßspeise), *formaggio* (Käse) und *frutta* (Obst) wählen. Niemand muss sich verpflichtet fühlen, alle Gänge zu be-

303no Abb.: nw

stellen, Sie können sich durchaus auf Vorspeisen oder einen Teller Pasta beschränken. Allerdings sind die Portionen wesentlich kleiner, als man es aus dem deutschen Sprachraum gewohnt ist.

Getrunken wird in Rom hauptsächlich **Weißwein**, der aus den sogenannten Castelli Romani kommt. So hieß im Mittelalter die südöstliche Region in den Albaner Bergen. Die bekanntesten Dörfer sind Frascati und Castelgandolfo. Hier hat die Weinherstellung eine lange Tradition und in den Landgasthöfen wird einfach und gut gegessen. Auch aus dem in Umbrien gelegenen Orvieto gibt es passable Weißweine, die in Rom gerne getrunken werden. Die etwas gehobeneren Weißweine heißen Greco di Tuffo und Falanghina aus der Gegend von Neapel.

Bier ist in Rom seit einiger Zeit in Mode gekommen. Unlängst stellte ich auf dem Campo de' Fiori zu meinem Erstaunen fest, dass sich mittlerweile sogar bayerisches Weizenbier größter Beliebtheit erfreut.

Bezahlt wird auf die italienische Art: Die Rechnung enthält immer die Summe aller, die zusammen gegessen haben. Nur sehr ungern wird von der Bedienung die Rechnung auseinanderdividiert. In Rom wird die Rechnung gerne *alla romana* geteilt: Egal wer was gegessen hat, die Rechnung wird einfach durch die Anzahl der Personen geteilt.

Trinkgeld gibt man der Bedienung nicht in die Hand, sondern es wird mit Diskretion auf den Teller, auf dem auch die Rechnung gebracht wurde, hinterlegt. Man kann nach Belieben bis zu zehn Prozent Trinkgeld geben.

Das **Mittagessen** *(il pranzo)* wird in Rom ab 12.30 Uhr eingenommen. Erst um 20 Uhr öffnen die Restaurants, um das **Abendessen** *(la cena)* zu servieren. Den Touristen zuliebe wird mittlerweile aber auch oft schon früher geöffnet

Pizza wird meist nur abends serviert, eine Gewohnheit, mit der deutsche Touristen immer wieder Schwierigkeiten haben. Es gibt aber Stehbäckereien, die Pizzastücke auch tagsüber vom Blech verkaufen *(Pizza al taglio)*. Am besten lässt man sich die Pizza aufwärmen.

Die meisten Bars bieten die typisch römischen **Sandwiches** *(tramezzini)* an, die aus entrindetem Weißbrot bestehen und mit Artischocken, Thunfisch, Mozzarella oder Schinken belegt sind. Auch **belegte Brötchen** mit Schinken oder Mortadella werden angeboten.

Wer sich in einer Bar hinsetzt, zahlt zwei- bis dreimal so viel wie **am Tresen.** Wer seinen Kaffee und sein Hörnchen lieber im Stehen verzehrt, muss zuerst an der Kasse bezahlen. Dann erhält er einen Beleg, mit dem er am Tresen seine Bestellung aufgeben kann.

Der vor allem bei deutschen Touristen so beliebte **Cappuccino** wird traditionell in Rom nur bis elf Uhr morgens getrunken, weil Milch den Italienern als schwer verdaulich gilt. Nach elf Uhr wird nur noch **Espresso** getrunken, der in Rom als *cafè* bezeichnet wird.

Lokaltypen

Im **ristorante** speist man (meistens) am exklusivsten. Die Kellner sind vornehm gekleidet und das Ambiente will natürlich mitbezahlt werden. Die Höhe des Preises lässt nicht unbedingt auf die Qualität der Speisen schließen.

Die **trattoria** ist normalerweise etwas billiger als das *ristorante* und dafür natürlich auch weniger chic. Mittlerweile haben sich die Grenzen aber oft schon verwischt.

Die **osteria** ist ein einfaches Speiselokal und erfüllt oft die Funktion einer Kantine für die in der Gegend Beschäftigten, die hier gerne ihr Mittagessen einnehmen. Auf den Tischen liegen meistens keine Stoffdecken, sondern mit Gummibändern aufgespanntes Papier.

In der **tavola calda** wird Aufgewärmtes im Stehen oder auf unkomfortablen Sitzgelegenheiten verzehrt – die billige Variante für den schnellen Hunger. Für einen Teller Pasta muss mit mindestens 4,50 € gerechnet werden, ein Fleischgang kostet ohne Beilagen mindestens 5 €.

Hervorhebenswerte Lokale

Restaurants

37 [F8] **Al Pompiere** €€, Via s. M. Calderari 38, Tel. 06 6868377, www.alpompiereroma.com, Mo., Mi.–Sa. mittags und abends, So. mittags. Das Restaurant ist weit über die Grenzen Roms hinaus bekannt, vor allem wegen seiner jüdisch-römischen Küche. In edlem Ambiente werden hier römische Klassiker wie *bucatini all'amatriciana* (Pasta mit Tomaten-Speck-Pecorino-Soße) oder *coda alla vaccinara* (Ochsenschwanzragout) angeboten.

38 [G7] **Antica Birreria Peroni** €€, Via San Marcello 19, Tel. 06 795310, www.anticabirreriaperoni.it, geöffnet: Mo.–Sa. 12–24 Uhr. Römisches Brauhaus, Bratwurst mit Kraut mischen sich hier mit der römischen Innereienküche. Sehr preisgünstig. Bei den Einheimischen genießt das Lokal Kultstatus.

39 [F12] **Checchino dal 1887** €€€, Via Monte Testaccio 30, Tel. 06 5746318, http://checchino-dal-1887.com, Mi.–So. mittags und abends. Wer die römische Innereienküche kennenlernen

Restaurantkategorien

Preis für ein Menü:

€	bis 25 €
€€	25–50 €
€€€	ab 50 €

möchte ist hier genau richtig. Deftig, aber teuer.

40 [G7] **Da Antonio** €€, Via dei Pastini 12. Ein Kleinod inmitten des Touristentrubels, sehr gute Pasta mit Meeresfrüchten.

41 [E9] **Da Corrado** €€, Via della Pelliccia 39, Tel. 06 5806004, Mo.-Sa. geöffnet. Die typisch römische Trattoria schlechthin, am besten reservieren!

42 **Da Priscilla** €€, Via Appia 68, Tel. 06 5136379, Mo.-Sa. mittags und abends geöffnet, So. nur mittags. Erstaunlich, dass man in einem Touristengebiet, wie es die Appia Antica nun einmal ist, so gut und preisgünstig essen kann. Unbedingt probieren: *Mozzarella in carrozza* (panierter Käse).

43 [F8] **Grappolo d'Oro** €€, Piazza della Canceleria 80, Tel. 06 6897080. Karg eingerichtet mit einfachen, dunklen Holztischen wirkt die Osteria in der Nähe des Campo de'Fiori eher abweisend, aber das Essen ist eine Wucht und das Preis-Leistungs-Verhältnis sehr angemessen. Die Spaghetti Carbonara, die hier zubereitet werden, wurden vom italienischen Gourmetführer „Gambero Rosso" zu den besten der Ewigen Stadt gekürt.

44 [F6] **Il desiderio preso per la coda** €, Vicolo della Palomba 23, Tel. 06 68307522, www.ildesideriopresoperlacoda.com, Mo.-Fr. mittags und abends, Sa. nur abends. Ausgefallene und „vergessene" regionale Spezialitäten aus ganz Italien.

45 [G8] **Il Giardino Romano** €€, Via del Portico d'Ottavia 18, täglich mittags und abends geöffnet. Restaurant mit schönem Innenhof mitten im ehemaligen jüdischen Getto. Typisch römisch-jüdische Küche. Unbedingt die frittierten oder gekochten Artischocken probieren.

› **La Fraschetta di Castel Sant'Angelo** (s. S. 58). In Sichtweite zur Engelsburg hat sich ein Team junger Römer auf einfache römische Gerichte mit frischen Zutaten spezialisiert.

350oro Abb.: pix © psychodoc

MEIN TIPP

Roms vielleicht bester Koch

Die absolute Nummer eins unter den römischen Gourmettempeln wird von einem Deutschen geleitet. Der Altöttinger Heinz Beck wurde von Italiens führendem Gastromagazin „Gambero Rosso" gar zum besten Koch der Stadt gewählt. Im La Pergola gibt es beispielsweise Carpaccio von Scampi auf Gelatine von Lime mit Kaviar und Papaya oder mit Wachteleiern gefüllte Zucchiniblüten. Ein 7-Gänge-Menü kostet 270 €.

› **La Pergola,** Via Cadlolo 101, Tel. 06 35091, www.romecavalieri.com. Das Restaurant befindet sich auf der Dachterrasse des Rome Cavalieri (s. S. 136).

Römische Kellner bei einer angeregten Diskussion

MEIN TIPP

Lecker vegetarisch

Wer fleischlose Küche mag, ist in Italien gut aufgehoben. Viele Pastagerichte sind vegetarisch und es gibt als Beilage immer das typische römische Gemüse wie beispielweise Mangold, Cicchoria, Spinat, Zucchini oder Artischocken. In allen Pizzerien gibt es vegetarische Varianten.

53 [S. 23] **7 Cereali** €€, Via Parioli 206, www.7cereali.net, geöffnet: Di.–So. (So. nur abends). Biologisch, vegetarisch, vegan: Das freundliche Personal berät gerne und macht alles möglich (selbst Fleischgerichte). Hausgemachter Humus, Gemüse-Tempura, Gemüseburger und vegane Pizza gehören hier zu den beliebten Gerichten.

54 [G5] **Il Margutta** €€€, Via Margutta 118, Tel. 06 32650577, https://ilmargutta.bio, geöffnet: tägl. 10.30–23.30 Uhr. Elegantes, fleischloses Restaurant, das seine veganen und vegetarischen Produkte aus biologisch-dynamischem Landbau bezieht.

55 [F7] **Mimi e Coco** €€, Via del Governo Vecchio 72, Tel. 06 68210845, www.mimiecoco.com, tägl. 11–24 Uhr. Weinbar und Restaurant, das nicht ausschließlich vegetarische Gerichte anbietet, aber dessen Speisekarte eine große Auswahl an Salaten, leckeren Kartoffelgerichten ohne Fleisch, Pizzen und hausgemachten Suppen anbietet. Gemütlich eingerichtet. Es gibt auch einen Ableger im Stadtteil Trastevere:

56 [E9] **Mimi e Coco Trast**, Via della Scala 1

› Auf den Speisekarten des **Il desiderio preso per la coda** (s. S. 87) und des **Sora Lella** (s. S. 89) gibt es viele vegetarische Gerichte.

46 [E9] **La Prosciutteria** €, Via della Scala 71. Ein „Muss" für alle, die italienische Schinken- und Wurstspezialitäten lieben. Besonders empfehlenswert ist die gemischte Vorspeisenplatte. Sehr zentral mitten in Trastevere gelegen.

47 [F7] **Navona Notte** €, Via del Teatro Pace 44–46, Tel. 06 6869278, geöffnet: tägl. 12–23 Uhr. Wenige Schritte von der Piazza Navona entfernt kann man einen kulinarischen Streifzug durch die Spezialitäten der römischen Küche unternehmen, ein *all you can eat* auf römische Art. Gute Pizza, preisgünstig für die Lage.

48 [G5] **Otello alla Concordia** €€, Via della Croce 81, Tel. 06 6791178, tägl. geöffnet. Hier gibt es authentische römische Küche oder, anders ausgedrückt, Hausmannskost. Mittags und abends werden hier die Gäste verwöhnt, unbedingt vorher reservieren.

49 [H6] **Pepy's Bar** €, Piazza Barberini 53, tägl. 7–2 Uhr. Sehr schönes Lokal an der belebten Piazza Barberini mit einer riesigen Auswahl an den typisch römischen belegten Toastbrotscheiben *(tramezzini)* mit Artischocken, Thunfisch, getrockneten Tomaten und vielem mehr. Guter Kaffee und typisch italienische Süßspeisen.

50 [H7] **Piccolo buco** €€, Via del Lavatore 91, Tel. 06 69380163, Di.–So. geöffnet. Sehr zentrale Lage in der Nähe der Fontana di Trevi. Gute Pasta und Pizza, freundlicher Service. Gutes Preis-Leistungs-Verhältnis.

51 [G7] **Pietro al Pantheon** €€, Via dei Pastini 125, Tel. 06 6789940, tägl. mittags und abends geöffnet. Sehr gutes Preis-Leistungs-Verhältnis. Ab Ende August gibt es leckere Steinpilzgerichte, besonders gut sind die Vorspeisen. Den Empfehlungen des freundlichen Personals können Sie ruhig vertrauen.

52 **Secondo Tradizione** €€, Via Rialto 39, www.secondotradizione.com, Mo.–Sa. geöffnet. Das Spezialitätengeschäft „La

Tradizione“ betreibt ein Restaurant, in dem es mit seinen hervorragenden Produkten typisch römische Speisen zubereitet. Unbedingt probieren: die Vorspeisen mit Käse und Salami, die auch ein Mittagessen ersetzen können.

57 [G9] **Sora Lella** €, Via Ponte Quattro Capi 16, Tel. 06 6861601, www.trattoriasoralella.it, Mitte Sept.–Mitte Aug. Mo.–Sa. mittags und abends geöffnet. Traditionsreiche Trattoria auf der Tiberinsel. Typisch römische Küche, urige Atmosphäre, große Auswahl an vegetarischen Gerichten.

58 [M7] **TramTram** €€, Via dei Reti 44, www.tramtram.it. Das Lokal im Stadtteil San Lorenzo ist so spartanisch eingerichtet, dass es fast schon weh tut. Dafür ist das Essen eine Wucht: typisch römisch, aber nicht billig.

59 [E3] **Trattoria Caccio e Pepe** €€, Via Giuseppe Avezzana 11, Tel. 06 3217268, Mo.–Fr.mittags und abends, Sa. mittags. Die alteingesessene Trattoria ist berühmt für ihre hervorragende Pasta und Pizza sowie den schnellen Service.

60 [E9] **Trattoria da Lucia** €, Vicolo del Mattonato 2, Mi.–So. geöffnet. Die Trattoria im Stadtteil Trastevere gibt es schon seit 1938 und die Inneneinrichtung ist seitdem wohl auch die gleiche geblieben. Die Gäste erwartet bodenständige römische Küche zu vernünftigen Preisen.

61 [J9] **Trattoria Luzzi,** Via Celimontana 1, www.trattorialuzzi.it, geöffnet: tägl. 12–24 Uhr. Gute Speisen zu guten Preisen, immer gut besucht. Wenn der Wirt Luciano in der richtigen Stimmung ist (und das ist er meistens), singt er auch mal römische Volkslieder.

035ro Abb.: fs

Pizzeria in Trastevere (31): *vom morbiden Äußeren sollte man nicht auf die Küche schließen*

62 [D5] **Zi Gaetana** €€, Via Cola di Rienzo 263, Tel. 06 3212342, Mo.–Sa. geöffnet. Großes, luftiges Lokal mit raffinierter einheimischer Küche zu angemessenen Preisen. Nicht weit vom Petersdom auf der großen Flanierstraße des Viertels gelegen.

Pizzerien

63 [E7] **Da Baffetto** €, Via del Governo Vecchio 114, Tel. 06 6861617, Mo.–Sa. abends. Die typisch römische Pizza mit dem hauchdünnen, knusprigen Teig ist bei Baffetto wirklich zur Perfektion gereift. Allerdings muss sie sofort verzehrt werden, sonst weicht sie durch und dann ist sie ungenießbar. Ertragen Sie die langen Schlangen am Eingang – es lohnt sich.

64 [C7] **Osteria Padi** €, Via delle Fornaci 31a, Tel. 06 636290, Di.–So. geöffnet. Hausmannskost in der Nähe des Vatikans, ausgezeichnete Carbonara!

65 **Pizzarium Bonci** €€, Via della Meloria 43. Der stückweise Verkauf von Pizza *(pizza al taglio)* gehört zu den traditionellen Snacks der Einheimischen. Bei Bonci ist der Boden kross und nicht, wie so oft, durchgeweicht.

MEINE TIPPS

Dinner for one

Nur für Frauen ist das **Hotel Orsa Maggiore** (s. S. 134). Hier speist frau entspannt in einem typisch römischen Innenhof mitten im pittoresken Stadtteil Trastevere.

Für Alleinreisende ist, ebenfalls in Trastevere, die **Bar San Calisto** (s. S. 93) zu empfehlen. Hier kann man tagsüber stundenlang bei einem Espresso sitzen und das stille Treiben in den Altstadtgassen beobachten.

Für den späten Hunger

71 [M8] **O Famo Strano** €, Via dello Scalo San Lorenzo 11, https://o-famo-strano.business.site. Das Lokal ist in kurzer Zeit zu einem der angesagtesten Fast-Food-Läden in Rom aufgestiegen. Frische Zutaten, lecker belegte Brötchen, sehr gute Omelettes und kleine Gerichte werden im Studentenviertel San Lorenzo montags bis samstags bis 6 Uhr morgens angeboten, am Sonntag nur bis 24 Uhr.

Essen mit Aussicht

72 [D6] **Les Etoiles** €€€, Via Giovanni Vitelleschi 34, www.atlantehotels.com/en/roof-garden-bar/bar.html. Der Ausblick von der Terrasse des Hotels Atlante Star auf die Kuppel des Petersdoms ist einmalig. Im obersten Stock befindet sich das hochpreisige Restaurant mit Panoramafenster, auf der Dachterrasse darüber der Roof Garden & Bar, wo Getränke und kleine Speisen serviert werden.

› Einen wundervollen Blick über Rom hat man auch vom Dach des Rome Cavalieri (s. S. 136). Hier betreibt Heinz Beck sein vom italienischen Gourmetführer Gambero Rosso ausgezeichnetes Restaurant **La Pergola** (s. S. 87).

Wein und Häppchen

66 [H8] **Cavour 313,** Via Cavour 313, Tel. 06 6785496, tägl. 12.30–14.45 und Mo.–Do. 18–23.30, Fr., Sa. 18–24, So. 18–23. Hier gibt es eine große Auswahl ausgezeichneter italienischer Weine, zu denen leckere Häppchen gereicht werden, Sandwiches zum Mitnehmen.

67 [F7] **Cul de Sac 1,** Piazza Pasquino 73, Tel. 06 68801094, geöffnet: tägl. 12–24 Uhr. Hier werden mehr als 1500 Sorten ital. Weins, Champagner und Prosecco ausgeschenkt. Und da man zu Alkohol immer etwas essen sollte, werden auch leckere Häppchen gereicht. In Rom ist das Cul de Sac seit Jahren eine der Kultadressen, allerdings ist es hier ziemlich teuer.

Cafés/Bäckereien

68 [G6] **Antico Caffè Greco,** Via Condotti 86, tägl. 9–21 Uhr, https://anticocaffegreco.eu. Das nur ein paar Schritte von der Spanischen Treppe entfernte Café ist bekannt für seine illustren Gäste, die es damals wie heute bewirtet. Allen voran Goethe, für den das Café während seines Romaufenthaltes ein zweites Wohnzimmer war. Aber auch Richard Wagner und Schopenhauer haben sich hier ihren Kaffee schmecken lassen. Seinen Namen hat das Café von einem Griechen, der hier 1750 sein Geld in die Gastronomie investierte. Auch im Caffè Greco sind die Preise sehr hoch, aber schließlich will ja jeder mal da gewesen sein.

69 [F8] **Bäckerei Boccione,** Via del Portico d'Ottavia 1. Mitten im jüdischen Viertel Roms gelegen. Wären nicht die oft langen Schlangen vor der Tür, könnte man das Geschäft glatt übersehen. Unbedingt die fluffigen Ricotta-Schokoladentörtchen probieren. Günstig ist es hier nicht, aber die Produkte sind hervorragend.

70 [F7] **Bar San Eustachio,** Piazza San Eustachio 82. Hier wird der Kaffee in einer derartig festen Konsistenz serviert, dass man denkt, man würde eine Praline essen – eine Spezialität, die bei den jugendlichen Römern Kultcharakter hat.

73 [G7] **Bar Tazza d'Oro,** Via degli Orfani 84. In der Nähe des Pantheon wird hier eine unglaubliche Auswahl an Kaffeesorten angeboten, die man nach dem Probieren auch kaufen kann. Hausspezialität im Sommer: *Granita di Caffè* (zerschlagene Eiswürfel mit Kaffee und Sahne).

Eiscafés

74 [D3] **Al Settimo Gelo,** Via Vodice 21a (1,5 km nördlich des Vatikan). Di.–So. geöffnet. Eigene Produktion ohne Konservierungs- und Farbstoffe, mehr als 70 verschiedene Fruchteissorten.

75 [F7] **Da Quinto,** Via di Tor Millina 15 (Nähe Piazza Navona), 10–2 Uhr. In dieser Kultadresse werden nach der Meinung vieler Einheimischer die besten Obstsalate und Milchshakes der Stadt zubereitet, aber auch das Eis ist nicht zu verachten.

76 [E7] **Frigidarium,** Via del Governo Vecchio 112. Unvergleichlich lecker: Hier wird die Eiskugel auf Wunsch in weiße oder dunkle Schokolade eingetaucht.

77 [L8] **Gelateria Fassi,** Via Principe Eugenio 65, www.palazzodelfreddo.it. Angeblich die älteste Eisdiele Italiens, die unter den Römern Kultstatus genießt.

78 [H6] **Il Gelato di San Crispino,** Via della Paneteria 42. Eis und halbgefrorenes, ausgefallene Geschmackssorten wie Kastaniencreme mit Rum.

79 [S. 67] **Neve di latte,** Via Luigi Poletti 6. Im Stadtteil Flaminio wird im Winter neben dem köstlichen Eis auch heiße Schokolade serviert.

306ro Abb.: nw

Verdiente Pause auf der Piazza Santa Maria [E9] in Trastevere

Mein Tipp

Eis für Politiker

Die alteingesessene **Eisbar Giolitti** sollte man bei einem Romaufenthalt nicht verpassen. Unweit der Abgeordnetenkammer gelegen gehen hier auch die *deputati* gerne ein Eis essen. Unbedingt probieren sollte man die Fruchteissorten.

80 [G7] **Eisbar Giolitti,** Via Uffici del Vicario 40, www.giolitti.it, geöffnet bis 1.30 Uhr nachts

510ro Abb.: jg

Rom am Abend

Nachtleben

Das römische Nachtleben spielt sich hauptsächlich auf der Straße ab. Vor allem am Samstagabend treffen sich die Römer auf einer Piazza in der Altstadt, um die Stadt zu Fuß zu durchstreifen. Die Straße gehört zur Lebendigkeit Roms. Auf dieser Bühne agiert der römische Nachtschwärmer und seine selbstdarstellerischen Fähigkeiten werden von einem sehr dankbaren Publikum aufgenommen.

Viel los ist im Stadtteil Trastevere, in dem es die meisten Kneipen und Restaurants gibt. Vor allem rund um den Platz vor der Kirche Santa Maria in Trastevere versammeln sich gerne die römischen Nachtschwärmer.

Auch der Campo de' Fiori ist einer der typischen römischen Treffpunkte, der in den römischen Sommernächten chronisch überfüllt ist.

In der Via Monte Testaccio [F12] im Stadtteil Testaccio reihen sich Musiklokale und Diskotheken aneinander.

In fast jedem römischen Stadtteil gibt es ein sogenanntes **centro sociale** (Sozialzentrum). Fast immer sind die *centri sociali* in besetzten Häusern untergebracht. Für viele junge Römer aus der linksalternativen Szene handelt es sich um eine willkommene Alternative zum immer gleichen Trott in der italienischen Großfamilie. Mittlerweile haben sich die meisten Zentren in Nachtlokale verwandelt, die bei vielen jüngeren Römern als Treffpunkte für den Abend äußerst beliebt sind.

Die römische Universität „La Sapienza" liegt im Stadtteil San Lorenzo. Dort gibt es dementsprechend viele Kneipen und Treffpunkte.

Die meisten Clubs und Diskotheken verlangen den Eintritt in Form eines Mitgliedsausweises *(tessera)*, der zwischen 20 € und 35 € kostet und auch als Tourist erworben werden kann. An den Türen, beim Einlass in die Clubs, wird auf gute Kleidung geachtet. Die kann auch lässig sein, nur sollte es ein stimmiges Gesamtbild ergeben.

Bars und Kneipen

81 [E9] **Bar San Calisto,** Piazza San Calisto 3–5, geöffnet: Mo.–Sa. 6–1.30 Uhr. Die Bar an der gleichnamigen Piazza zieht, obwohl mitten im touristischen Trastevere gelegen, immer noch das heterogene Volk des Stadtteils an. Hier bekommt man alles noch zu vernünftigen Preisen.

› **Barnum Cafè** (s. S. 44). Im Vintage-Style eingerichtete Café-Bar mit internationalem Flair. Es ist eng und immer gut besucht. Morgens gibt es ausgezeichnetes Frühstück, mittags und abends hervorragende Speisen, später Cocktails.

82 [F12] **Caruso-Cafè de Oriente,** Via di Monte Testaccio 36, www.carusocafe.com, Tel. 06 5745019, geöffnet: Di.–So. 23–4 Uhr. Im orientalischen Stil eingerichtet, lateinamerikanische Livemusik. Es kann auch getanzt werden.

83 [E7] **Drink Art Gallery,** Piazza del Fico 23/24, täglich 16–2 Uhr. Entspannte Jazzmusik, leckere Cocktails und gezapfte Biere haben die Bar zu einem der beliebtesten Treffpunkte in der Innenstadt werden lassen.

84 **Forte Prenestino,** Via F. Delpino, Tel. 06 21807855, www.forteprenestino.net, Di.–Fr. 10–3 Uhr, am Wochenende Konzerte ab 20 Uhr. Untergebracht in einem Bunker aus dem Zweiten Weltkrieg, eine der beeindruckendsten Locations für Nachteulen. Konzerte, Kino, Theater und Ausstellungen.

85 [E7] **Mons,** Via della Fossa 16, Tel. 06 6893426, geöffnet: täglich 16–2 Uhr.

511ro Abb.: jg

Die Straßenbeleuchtung taucht die Stadt in schummrig-rötliches Licht, wie hier auf dem Campo de'Fiori **20**

Nachts verwandelt sich die Ewige Stadt in eine große Bühne für Flaneure und Nachtschwärmer

Smoker's Guide

Ein Nichtrauchergesetz verbietet in ganz Italien das Rauchen in öffentlichen Räumen. Schnell wurde es durch alle parlamentarischen Instanzen gepaukt und wenig diskutiert, ein für italienische Verhältnisse kaum vorstellbares Verfahren. Niemand hätte erwartet, dass sich nahezu alle Italiener an das Gesetz halten. An den vergleichsweise niedrigen Ordnungsstrafen zwischen 27 und 270 € kann es nicht liegen. Wer mit dem Auto die Geschwindigkeitsbegrenzung überschreitet, riskiert eine wesentlich höhere Strafe, trotzdem fährt fast jeder zu schnell.

Vielleicht hat es ja damit zu tun, dass die Italiener es nun einmal lieben, *bella figura* zu machen. Und die macht eben, wer die Mutter mit ihren beiden *bambini* am Nebentisch freundlich anlächelt und nach dem Essen seine Zigarette draußen vor der Tür raucht. Da stehen ja auch schon einige andere Raucher rund um einen großen Aschenbecher herum. Ein wundervoller Ort also, um mit anderen ein Schwätzchen zu halten.

MEIN TIPP

Aperitif auf Piemontesisch

Eigentlich stammt die Tradition aus dem Piemont: Am frühen Abend nimmt man in einer Bar einen Aperitif zu sich. Dazu bekommt man kleine Häppchen wie Nüsse, Oliven oder Brotaufstriche gereicht. Mittlerweile hat diese Tradition auch Rom erreicht. In vielen Bars gibt es Antipastibuffets, die durchaus geeignet sind, ein Abendessen zu ersetzen. Wer sich einen Aperitif bestellt, erhält automatisch Zugang zum Buffet. Besonders empfehlenswert ist das **Palombi** in Testaccio. Hier gibt es eine Auswahl von 500 Bieren und viele Weine hauptsächlich italienischer Erzeuger. Für 11 € (inklusive Getränk) können Sie sich vom Buffet bedienen. Es gibt Schinken, Mozzarella, Salami, gefüllte Blätterteigtörtchen u. v. m.

93 [F11] **Oasi della Birra Palombi,** Piazza Testaccio 38/41, Tel. 06 5746122, www.facebook.com/EnotecaPalombi1917, geöffnet 12–1 Uhr

Einer der altgedientesten Szenetreffs in Rom, nicht weit von der Piazza Navona entfernt. Man sitzt sehr intim zwischen den Wandgemälden des früheren Besitzers Jonathan, der sich hier als Künstler versucht hat. Kitschig, aber sympathisch.

86 [F7] **Terrazza Borromini,** Via di Santa Maria dell'Anima 30a, www.terrazzaborromini.com, Einlass nur mit Reservierung, Mai–Oktober geöffnet. Bar und Restaurant auf dem Dach eines Palazzo an der Piazza Navona mit einem der schönsten Blicke über die Dächer von Rom, den sich die Inhaber allerdings auch bezahlen lassen. Tipp: Man kann sich einen Cocktail 25 € bestellen, zu dem dann kleine Häppchen serviert werden.

87 [F11] **Villagio globale,** Lungotevere Testaccio 1, Tel. 06 5757233, geöffnet: täglich ab 19 Uhr, Infos zu den centri: Tel. 3479074404. Das größte der *centri sociali* befindet sich in Testaccio auf dem Gelände, wo früher der römische Schlachthof untergebracht war. Hier sind Kneipe, Pizzeria und Livemusik unter einem Dach zusammengefasst.

Clubs

88 Largo venue, Via Biordo Michelotti 2, www.largovenue.com. In der ehemaligen Lagerhalle am Rande des angesagten Szeneviertels Pigneto ist ein beliebtes Kulturzentrum entstanden, in dem getanzt wird. Darüber hinaus finden Konzerte statt, es werden Arthouse-Filme gezeigt und ein kleines Restaurant sorgt für das leibliche Wohl der Gäste.

89 Planet Rome Disco Club, Via del Commercio 36, Tel. 06 5747826, www.planetroma.com, Mi.–Mo. geöffnet. Hier wird für jeden Geschmack etwas geboten: Hip-Hop und House, Kabarett und Rockkonzerte. 4 große Säle, denen ein Restaurant angeschlossen ist, in dem gute Steaks serviert werden.

90 Qube, Via di Portonaccio 212, Tel. 06 5413985, www.facebook.com/quberome. Riesige Diskothek auf drei Stockwerken. Auch Livekonzerte mit bekannten römischen Rockbands, oft auch Coverbands. Am Freitag verwandelt sich das Qube in *Muccassassina,* eines der verrücktesten Events in Rom (s. S. 127).

Theater und Konzerte

Musikszene

91 [C5] **Alexanderplatz,** Via Ostia 9, Tel. 06 39742171, geöffnet: Di.–So. 20–1 Uhr, www.alexanderplatzjazz.com. Den Alexanderplatz gibt es nicht nur in Berlin, sondern auch in Rom und zwar schon lange. Das Musiklokal gilt mittlerweile als einer der ältesten Treffpunkte für Freunde innovativer Jazzmusik. Hier werden auch kleine Speisen angeboten.

728ro Abb.: ©polya_olya, stock.adobe.com

92 [S. 23] **Auditorium,** Viale Pietro de Coubertin 30, Tel. 199109783, www.auditorium.com, Metro A bis Flaminio und dann mit der Straßenbahn Nr. 2 bis Ankara/Tiziano, von dort ca. 5 Min. Fußweg. Vor dem Hauptbahnhof verkehrt ab 17 Uhr die Linie M bis Ankara/Tiziano. Die vom Architekten Renzo Piano geplante multifunktionelle Musikhalle **Parco della Musica,** besser bekannt unter dem Namen Auditorium, eines der wichtigsten Projekte der modernen Architektur im 20. Jahrhundert, wurde 2002 eröffnet und gehört zu den Attraktionen Roms. Die Konzerte umfassen die ganze Bandbreite der E- und U-Musik: Gianna Nannini und Count Basie waren schon da, aber klassische Musik hat hier genauso ihre feste Heimstätte. In dem Komplex gibt es auch ein Theater, ein Kino und eine Ausstellungshalle. Konzertkarten können direkt im Auditorium gekauft werden; die Abendkasse öffnet eine Stunde vor dem Konzert. Das Auditorium liegt im Stadtteil Flaminio.

94 **Ellington Club Roma,** Via Anassimandro 15, www.ellingtonclubroma.com. Wer sich in die 1920er-Jahre zurückversetzen lassen möchte, ist in dem Club im Szeneviertel Pignetto genau richtig: Jazz, Cabaret und Burleske werden von erstklassigen Künstlern in einer sehr geschmackvollen Location dargeboten. Gute Speisen und Cocktails, nicht gerade preisgünstig.

Theaterbühnen

95 [F8] **Teatro Argentinia,** Largo di Torre Argentina 52, Tel. 06 68804601, www.teatrodiroma.net. In dem Staatstheater mit festem Ensemble werden gerne die Stücke der italienischen Klassiker Pirandello und Goldoni gegeben.

96 [J7] **Teatro dell'Opera di Roma,** Via Firenze 72, www.operaroma.it, Eintrittspreise 17–130 €. Wer italienische Opernmusik mag, sollte unbedingt die altehrwürdige Oper aufsuchen. Hier wird die ganze Palette der italienischen Opern gespielt. Wenn populäre italienische Stücke gespielt werden, singt das Publi-

Prächtiges Interieur im Teatro dell'Opera di Roma

kum schon mal mit oder unterbricht die Aufführung mit donnerndem Applaus.

97 [G7] **Teatro Quirino,** Via delle Vergini 7, Tel. 06 6794585, www.teatroquirino.it. Hier treten öfter bekannte italienische Schauspieler auf, die meist Gastrollen in Stücken italienischer Herkunft übernehmen.

Romarama – Römische Sommernächte

In den heißen Sommermonaten wird Rom gerne „die Verlassene" genannt, weil jeder Römer, der es sich leisten kann, aus der Hitze an die Strände in der Umgebung flüchtet. In den 1980er-Jahren wurde daher die Estate Romana („Römischer Sommer") von der Stadtregierung ins Leben gerufen. Die Veranstaltungsreihe sollte dafür sorgen, dass die Daheimgebliebenen sich nicht allein gelassen fühlen müssen. 2020 wurde sie neu konzipiert und in **Romarama** umbenannt. Die Veranstaltungen gehen nun weit über die heiße Jahreszeit hinaus (Juli–Dezember). Informationen gibt es unter www.estateromana.it, www.comune.roma.it und www.romatoday.it.

› **Klassische Konzerte** im Rahmen des „Römischen Sommers" gibt es von Anfang Juni bis Ende September in einem archäologischen Park am Teatro di Marcello. Die Tickets kosten zwischen 14 und 36 €. Zuerst gibt es eine Führung durch den Park, die im Preis inbegriffen ist. Geboten wird hauptsächlich Kammermusik in einem traumhaften Ambiente.

98 [G9] **Teatro di Marcello,** Via del Teatro di Marcello, Tel. 06 87131590, www.tempietto.it

› Im Park der Villa Celimontana findet jedes Jahr das **Villa Celimontana Jazz Festival** statt. Größen wie B. B. King, Weather Report oder Al Jarreau waren hier schon zu Gast. Veranstaltungen von Mitte Juni bis Mitte September. Villa Celimontana, Via Navicella, Tel. 06 77208423, www.villagecelimontana.it. Karten sollten rechtzeitig reserviert werden, da das Festival sehr gut besucht ist.

› Bereits seit 1922 finden in der historischen Kulisse des Amphitheaters von Ostia Antica 47 zeitgenössische Konzerte und Tanztheater statt. Teatro Romano di Ostia Antica, Tel. 06 350468, https://ostianticateatro.it.

› Eine der wichtigsten Veranstaltungen für Liebhaber südamerikanischer Kultur und Musik ist die **Fiesta** (www.fiestafestival.it). Von Anfang Juni bis Mitte August werden im Parco del Turismo (Via delle Tre Fontane 24, Metro B bis zur Haltestelle EUR Fermi) im Stadtteil EUR unzählige Stände und Buden, Bars und Restaurants eingerichtet, die auch eine Fülle von kulinarischen Genüssen zu bieten haben. Auf einer Bühne spielen südamerikanische Bands Salsa, Rumba, Reggae und Mambo. Die Römer lieben die südamerikanischen Rhythmen und feiern ausgelassen bis in die Morgenstunden.

› Von Mitte Juni bis Anfang September werden im Rahmen der **Viaggio Nei Fori** die Kaiserforen 8 zwischen Kolosseum und Piazza Venezia von unzähligen Scheinwerfern beleuchtet – ein optischer Leckerbissen, den sich kein Besucher Roms entgehen lassen sollte. Außerdem werden Führungen angeboten und es finden Musik- und Theaterveranstaltungen statt (www.viaggioneifori.it).

› Von Anfang bis Mitte Juli wird entlang des Tiber die **Tevereexpò** veranstaltet. Hier werden Kunsthandwerk und gastronomische Produkte aus verschiedenen Regionen Italiens vorgestellt. Die Lebensmittelstände sind ab dem späten Vormittag geöffnet, abends gibt es verschiedene Veranstaltungen und Konzerte. www.lungoiltevereroma.it.

713ro Abb.: fs

Rom zum Stöbern und Shoppen

Für viele Reisende ist die Shoppingtour sicherlich einer der Höhepunkte einer Reise nach Rom. Einerseits weil ein Mitbringsel an die schöne Zeit in der Ewigen Stadt erinnern soll, andererseits um den Daheimgebliebenen etwas mitzubringen, was es möglicherweise so nur in Rom gibt.

Das Preisniveau entspricht ungefähr dem einer deutschen Großstadt – und die großen Modemarken verkaufen in Europa sowieso alle Waren zum gleichen Preis. Interessant wird es natürlich, wenn Schlussverkauf (ital.: *saldi*) ist (ab Mitte Juli). Dann kann man wirklich das eine oder andere Kleidungsstück von Versace oder Armani sehr günstig bekommen.

⌃ *Gemüsehändler auf dem Campo de'Fiori* ⑳

Einkaufsstraßen

Alle Freunde der großen und kleinen italienischen Modemarken sind am besten im sogenannten **„Goldenen Dreieck"** zwischen Piazza del Popolo ㉑, Via del Corso ⑫ und Spanischer Treppe ㉗ aufgehoben.

Die Straßen sind in aller Regel verkehrsberuhigte Fußgängerzonen. Hier findet sich eine kaum überschaubare Fülle an **Bekleidungsgeschäften.** Zwischen Berninis Brunnen, den Palästen der großen römischen Familien und den verwinkelten Gassen und Plätzen der römischen Altstadt kann der Einkaufsbummel durchaus zum Höhepunkt eines Romurlaubs werden. Die größte Ansammlung von Geschäften mit Designermarken, Accessoires und Luxusartikeln findet sich rund um die schicke **Via Condotti** [G6].

Modeklassiker und Schuhe

99 [G6] **Brioni,** Via Condotti, 21/A, www.brioni.com/de/de/stores/rome. Der Herrenausstatter wird von Prominenten aus aller Welt geschätzt. Schon Clark Gable und Rock Hudson zählten zu Brionis Kunden, heute machen Stars wie Brad Pitt und Jude Law *bella figura* im edlen Zwirn dieses Herstellers.

100 [G6] **Dolce & Gabbana,** Via dei Condotti 51. Hochpreisige Kleidung, Schuhe, Uhren, Schmuck und Parfums für Damen, Herren und Kinder. Etwas günstiger ist die jugendliche Marke D&G.

101 [G6] **Fendi,** Largo Carlo Goldoni 420. Der Flagshipstore mit japanischem Restaurant und einem Fendi-Hotel in der Nähe der Fontana di Trevi ist für Modebegeisterte einen Abstecher wert. Übrigens begann Karl Lagerfeld seine Karriere bei Fendi. Das in Rom ansässige Unternehmen produziert Damen- und Herrenmode, Parfums, Brillen und Uhren.

102 [G5] **Gianni Versace,** Via Bocca di Leone 27. Die Modemarke ist weltweit für ihre bunte, schräge und extravagante Damen- und Herrenbekleidung bekannt.

103 [G6] **Giorgio Armani,** Via Condotti 76. Der Gegenentwurf zu Versace. Das Mailänder Unternehmen bietet klassisch-konservative Kostüme und Anzüge an. Die Marke Emporio Armani richtet

Shoppingareale

Die wichtigsten Shoppingbereiche der Stadt sind im Kartenmaterial mit einer rötlichen Fläche markiert.

Meine Tipps

Außergewöhnliche Mode

104 [F8] **Empresa,** Via dei Giubbonari 25/26, https://empresa.it. Lässige Damen- und Herrenmode, der man die hohen Preise nicht auf den ersten Blick ansieht. Sehr außergewöhnlich, für ein eher junges Publikum, handgemacht und in Italien hergestellt.

Herrenhemden

Bei Schostal gibt es klassische Herrenhemden zu einem sehr guten Preis-Leistungs-Verhältnis.

105 [G6] **Schostal dal 1870 di Roma,** Via Fontanella Borghese 29

Individuelle Schuhe

Für Damen sind die maßgeschneiderten Sandalen von Di San Giacomo Sandals ein schönes Mitbringsel aus der Ewigen Stadt. Das Besondere ist, dass man sich die Einzelteile – von der Sohle über die Riemchen bis zu den eventuellen Applikationen – selbst zusammenstellen kann. Die Kundinnen können zusehen, wie in etwa einer Stunde die Sandalen fachgerecht zusammengesetzt werden.

106 [F7] **Di San Giacomo Sandals,** Via G. Gioachino Belli 96, Tel. 0392 2732760, https://disangiacomo.com. Ende 2022 waren die Inhaber noch auf der Suche nach einem neuen Ladengeschäft, die Sandalen werden vorübergehend direkt aus der Werkstatt verkauft. Einfach vorher anrufen und einen Termin ausmachen.

Secondhand und Kreativmarkt

Im Szeneviertel Monti gibt es zahlreiche Secondhandläden, die Markenmode in gutem Zustand zu günstigen Preisen verkaufen. Besonders empfehlenswert ist das Pifebo (s. S. 51) und der herrlich chaotische Laden Le Vesti di Messalina (s. S. 51). Hier gibt es klassische Trenchcoats für Damen und Herren und eine breite Auswahl an Markenjeans, die in einem sehr guten Zustand angeboten werden.

sich an jüngere Kunden und ist etwas günstiger.

107 [G6] **Gucci,** Via Condotti 8. Lässiger Stil, extrem hochpreisig, bekannt für seine Accessoires (Brillen, Schmuck, Uhren, Parfums).

108 [H6] **Guja,** Via di Capo le Case 22, www.guja.it. Eine riesige Auswahl an Damenschuhen angeboten – nicht gerade günstig, aber hier wird jede Frau fündig.

109 [H6] **Valentino,** Piazza di Spagna 38. In dem Geschäft an der Piazza di Spagna findet man auf 1500 m² alles, was die mittlerweile im Besitz der Herrscherfamilie von Katar befindliche Modemarke zu bieten hat: Uhren, Schmuck, Parfüm und natürlich Kleidung für Damen und Herren.

Lebensmittel

Viele Touristen nehmen gern Lebensmittel mit nach Hause. Das Problem ist natürlich die Verderblichkeit der Produkte, aber eine luftgetrocknete Salami aus dem nahe gelegenen Städtchen Norcia, das berühmt für seine Wurstwaren ist, übersteht garantiert den Flug nach Hause, genauso wie der *pecorino romano,* ein lange gelagerter Schafskäse. Wenn wir im Herbst und Winter in Rom sind, nehmen wir uns frische Artischocken mit, die dann gerade Saison haben. So gut und frisch wie in Rom gibt es die nirgendwo.

110 [E8] **Natura Si**, Piazza Farnese 99/100, geöffnet: Mo.–Sa. 8–20 Uhr. Vergleichbar mit den deutschen Alnatura-Läden. Angeschlossen ist ein kleines Bistro mit Kleinigkeiten zum Essen und Kaffee.

111 [F6] **Volpetti,** Via della Scrofa 32, Tel. 0660654244, www.volpetti.com. Guter Schinken und Salami, regionale Produkte, hausgemachte Pasta.

Zum Lebensmitteleinkauf geht man am besten auf einen der **Marktplätze** Roms. Der wohl schönste und bekannteste Gemüsemarkt Roms ist der Campo de' Fiori 20, aber auch in San Lorenzo gibt es einen schönen Markt. Es gibt auch zahlreichle Delikatessengeschäfte, in denen es alles gibt, was das Herz des Gourmets begehrt.

20 [F8] **Campo de' Fiori,** Mo.–Sa. 6–14 Uhr. Roms berühmtester Gemüsemarkt an einem der schönsten Plätze der Stadt.

Mein Tipp

Mehr als eine Markthalle – Nuovo Mercato Testaccio

Die Markthalle gegenüber dem ehemaligen Schlachthof im Stadtteil Testaccio ist ein beliebter Treffpunkt. An einem kleinen Platz im Zentrum der Halle spielen Rentner an Plastiktischen Karten und draußen vor der Bar treffen sich die Hausfrauen auf einen Plausch bei einem Cappuccino.

Neben Schuhgeschäften, geblümter Billigmode und einem Friseur sind die Lebensmittelstände – vor allem die Gemüsehändler und die zahlreichen Streetfoodstände – Hauptanziehungspunkte für die Kundschaft.

Auch die weniger betuchten Bewohner des Stadtteils können es sich hier leisten, mal mit der Familie essen zu gehen, frischen Fisch von Simona etwa (Box Nr.95), donnerstags mit hausgemachten Gnocchi, die im Nachbarstand zubereitet und in einer Pappschachtel serviert werden.

Auch ohne echte Kaufabsicht lohnt sich ein Besuch, allein beim Schlendern durch die Gänge werden alle Sinne angeregt.

112 [F12] **Nuovo Mercato Testaccio,** Via Lorenzo Ghiberti, www.mercatoditestaccio.it, geöffnet Mo.–Sa. 7.30–15.30 Uhr

512ro Abb.: jg

113 [B5] **Mercato Trionfale,** Via la Goletta 1, Mo.–Sa. 7–14 Uhr. Überdachter Lebensmittelmarkt mit ausgezeichnetem Wurst- und Käseangebot, frischem Fisch, Gemüse und Brot. Hier sind die Römer (meistens) noch unter sich. Nur wenige Schritte vom Vatikan entfernt.

114 [F7] **Piazza delle Coppelle,** Mo.–Sa. 7–13 Uhr

Antiquitäten, Trödel und Drucke

Rom ist berühmt für seine Antiquitäten. Viele Geschäfte gibt es in der **Via Giulia** [D7–E8]. Auch die **Via dei Coronari** [E7] gleich um die Ecke ist ein Zentrum für Liebhaber alter Schätze. Am schönsten ist hier ein Abendspaziergang im Licht der schummrigen Straßenlaternen. Allerdings sollte man sich keine allzu große Hoffnung machen, auf ein Schnäppchen zu stoßen. Die Römer wissen schon, was ihre Antiquitäten wert sind.

115 **Antiquariato Europeo,** Via Gregorio VII 272, www.antiquariatoeuropeo.com. Alteingesessenes Geschäft in der Nähe des Vatikans, Möbel und Gemälde, der Besitzer spricht gut Englisch.

116 [E7] **Arte Antica Rufini,** Via dei Coronari 79/80, www.arteanticarufini.it. Mit Möbeln, Bildern, Teppichen und Lampen vollgestopfter Laden.

117 [E7] **Galerie Giulia Antiquites,** Via Giulia 140c. Alteingesessenes Antiquitätengeschäft (Möbel, Bilder, Skulpturen), in dem auch Ausstellungen zeitgenössischer Künstler stattfinden.

118 [S. 67] **Kunstmarkt an der Ponte Milvio,** www.pontemilvioantiquariato.it, Sept.–Juli am ersten und zweiten Sonntag des Monats 9–20 Uhr. 180 Marktstände mit alten Möbeln, Kunst, Kitsch und Gemälden. Wunderschöne Lage am westlichen Tiberufer. Die Öffnungszeiten werden nicht immer eingehalten, daher ist es sinnvoll, vor einem Besuch auf der Website nachzusehen, ob der Markt auch wirklich stattfindet.

119 [F6] **Mercato delle Stampe,** Largo della Fontanella di Borghese, 7–13 Uhr, So. geschl. Antiquarische Bücher und Kunstdrucke.

Die üblichen **Touristensouvenirs** gibt es überall in der Stadt. Freunden christlicher Andenkenläden sei die große Prachtstraße zum Petersdom, die Via della Conciliazione 35, empfohlen. Hier gibt es den Papst als Schlüsselanhänger oder Fußabtreter – herrlicher und unvorstellbarer Kitsch!

Bücher

120 [I6] **Feltrinelli International,** Via V. E. Orlando 78–81, www.lafeltrinelli.it. Gut bestückte Buchhandlung mit Literatur aus Frankreich, Deutschland und Spanien, die auch zahlreiche Lehr- und Übungsbücher zum Thema Italienisch für Ausländer bereithält.

Kaufhäuser

121 [D5] **Coin,** Via Cola di Rienzo 173 (Nähe Vatikan). Preisgünstige Mode und gute Qualität; schöne Kinderbekleidung.
122 [G7] **Galleria Alberto Sordi,** Piazza Colonna, www.galleriaalbertosordi.it, tägl. 9–20 Uhr. Ladengalerie an der Via del Corso mit Bars, Restaurants, Buchläden und Modegeschäften. Ein guter Tipp für verregnete Urlaubstage, die es ja auch in Rom manchmal gibt.
123 [H6] **La Rinascente,** Via del Tritone 61. Auf acht Stockwerken präsentieren sich internationale Modemarken, im Supermarkt finden sich Lebensmittel aus aller Welt und auf der Dachterrasse kann man bei einem teuren Cappuccino einen herrlichen Ausblick über Rom genießen.
124 **Upim,** Via Giuglielmo Marconi 259. Preisgünstiges Kaufhaus in der Nähe des Hauptbahnhofs; Mode für die ganze Familie.

◁ Überall in Rom werden an Marktständen kitschige Bilder und Drucke verkauft

▷ Auf dem weitläufigen Areal der Villa Borghese 22 findet jeder ein Ruheplätzchen

Rom zum Durchatmen

Auch im hektischen Rom gibt es Orte, an denen es plötzlich ruhig wird und der Verkehr und die Touristenmassen in die Unwirklichkeit entrücken. Einer dieser Orte liegt mitten in der Innenstadt, direkt hinter dem Kolosseum 4: Der **Parco del Colle Oppio** [I9] gehört zu den schönsten **Parks** im Zentrum von Rom mit Rasenflächen, Spazierwegen und Schatten spendenden Schirmpinien. Nachts sollten Sie den Park allerdings meiden.

Wer die Piazza del Popolo 21 aufsucht, sollte auf jeden Fall auf den **Pincio** [G4] hinaufsteigen. Von dem kleinen Hügel aus hat man einen der schönsten Ausblicke auf die Stadt. Romantische Geister sollten sich den Sonnenuntergang über Rom nicht entgehen lassen, den man von hier oben besonders gut genießen kann.

313ro Abb.: nw

Wenn man den Pincio weiter hinaufsteigt, gelangt man in den **Park der Villa Borghese** 22. In der weitläufigen Parkanlage, in der sich auch ein kleiner See befindet, kann man mal wieder durchatmen, schließlich ist die Luft in der römischen Innenstadt nicht die beste. Wer seinen Morgenkaffee lieber abseits der Touristenströme zu sich nehmen will, findet im Park der Villa Borghese verschiedene Bars. Die dazugehörige deutschsprachige Tageszeitung erwirbt man am besten in einem der Zeitungskioske auf der nahe gelegenen Via Veneto.

Auch auf dem **Palatin** 3, der ja nun wirklich von vielen Touristen besucht wird, gibt es berückende Momente der Ruhe. Das liegt einerseits an der Magie des Ortes, andererseits aber auch an der Inselartigkeit des Hügels. Wer sich hier auf einer Bank unter einer Zypresse niederlässt, am besten frühmorgens, hört nur noch ganz in der Ferne den tosenden, den Hügel umkreuzenden Verkehr.

Der **Gianicolo** [D8], ein Hügel über dem Stadtteil Trastevere, bietet ebenfalls einen schönen Blick auf die Ewige Stadt, Sonnenuntergang inklusive. In der weitläufigen Parkanlage gibt es einige kleine Cafés, in denen man wunderschön verweilen kann.

Gut träumen lässt sich auch auf der **Via Appia** 43. Die von den Römern vor mehr als 2000 Jahren als Verbindung nach Süditalien gebaute Straße führt mitten in die unverbaute römische Campagna. Entlang der Straße befinden sich etliche Gräber – die alten Römer durften ihre Toten nur außerhalb der Stadttore begraben. Besonders schön ist das an der Appia gelegene **Caffarellatal**, das schon vor der römischen Kaiserzeit als magischer Ort verehrt wurde.

Natürlich sollten die **römischen Nächte** nicht vergessen werden. Die typische schummrig-rötliche Beleuchtung, die mehr verhüllt als erhellt, verleitet Touristen und Römer gleichermaßen zu langen Spaziergängen durch die Altstadtgassen.

Zur richtigen Zeit am richtigen Ort

März

- Am 19. März wird die **Festa di San Giuseppe** (Josephstag) gefeiert. Im Stadtviertel Trionfale findet ein Straßenfest statt, wo *frittelle* (kleine Pfannkuchen) und Schmalzgebäck angeboten werden. Die *frittelle* bekommt man im März in sämtlichen guten Bäckereien der Stadt.
- **Ostern** ist für die gläubigen Katholiken in Rom natürlich das wichtigste Fest des Jahres, vor allem der Ostersonntag, wenn der Papst auf dem Petersplatz den Segen „Urbi et Orbi" erteilt. In Italien ist der Karfreitag übrigens kein Feiertag. Am Ostermontag, der in Italien *Pasquetta* genannt wird (= Osterchen), sind aber die meisten Geschäfte geschlossen und es wird gerne in einem Restaurant mit der ganzen Familie gefeiert. An diesem Tag wird es für Nichtrömer schwierig, irgendwo etwas zu essen zu bekommen, weil alles schon reserviert ist. Bei schönem Wetter sitzen die Römer am Ostermontag am liebsten in den Restaurants der Strandbäder von Ostia 46.

April

- Am **21. April feiert Rom seinen Geburtstag.** Angeblich soll an diesem Tag Romulus eine Mauer um die erste Siedlung auf dem Palatin gezogen haben. An diesem und den darauf folgenden Tagen finden etliche Veranstaltungen statt, die das alte Rom wiederauferstehen lassen: Essen wie die alten Römer, altrömische Musik und die Tänze der Vestalinnen sind nur paar Beispiele.

Ein Ausflug ins Caffarellatal verspricht Erholung vom Großstadttrubel

Mai

- Der **1. Mai** wird in Rom traditionellerweise mit den Umzügen der großen Gewerkschaften CGIL und UIL begangen. Einen legendären Ruf in ganz Italien hat das Konzert auf der Piazza San Giovanni vor dem Lateranpalast. Wer am 1. Mai in Rom ist und gerne Rockmusik und eine Million Menschen um sich herum hat, sollte auf jeden Fall hingehen. Am gleichen Tag werden auch die Strandbäder in Ostia 46 geöffnet. Nicht zuletzt ist es eine alte Sitte, am 1. Mai *fave e pecorino* zu essen. Das sind die zarten Kerne der Saubohne mit lange gelagertem Schafskäse. Die Bohnen werden roh zusammen mit einem Stück Käse in den Mund geschoben.

Juni

- Am 24. Juni wird die **Festa di San Giovanni** (Johannistag) begangen. Rund um die Kirche San Giovanni in Laterano werden Buden aufgebaut, an denen Süßigkeiten und Korbwaren verkauft werden.
- Von Mitte Juni bis Mitte Juli findet zwischen Engelsbrücke und Ponte Cavour [E/F6] die **TevereExpo** statt. Hier werden Kunsthandwerk und gastronomische Produkte aus verschiedenen Provinzen Italiens vorgestellt. Die Stände mit den kulinarischen Produkten haben schon am späten Vormittag geöffnet, abends gibt es Veranstaltungen und Konzerte (Musik, Tanz, Ballett).

Juli

- Die **Festa de Noantri** findet um den 15. Juli herum auf der Viale di Trastevere statt. Früher war es das Fest der Bewohner von Trastevere. Noantri bedeutet im römischen Dialekt *noi altri,* „wir anderen", das Volk. Mittlerweile aber ist das Fest zu einem reinen Verkaufsmarkt verkommen und selbst die italienische Fluggesellschaft Alitalia macht auf ihren Romtickets Werbung für das „Volksfest". Die Politiker jedoch haben das Problem erkannt und versuchen dem Fest wieder das ihm zustehende Flair einer Volksparty zu verleihen. Sehr schön ist das Abschlussfeuerwerk am Tiberufer.

August

- In den heißen Sommermonaten wird Rom zwar bevorzugt „die Verlassene" genannt, weil jeder Römer, der es sich leisten kann, aus der Hitze an die Strände in der Umgebung flüchtet. Von Juni bis Anfang September sorgt aber die **Romarama** (s. S. 96) dafür, dass die Zurückgelassenen sich nicht langweilen müssen. Seit 1976 bereits versuchen die Kommunalpolitiker im Sommer das Leben wieder in die Stadt zurückzuholen, und das mit großem Erfolg. Unzählige Aktivitäten finden dann während der heißen Sommertage statt: Konzerte in den Amphitheatern und Villen, Tanztheater zwischen Ruinen und Freeclimbing im Olympiastadion.
- An **Mariä Himmelfahrt,** dem 15. August, begehen die Italiener den wichtigsten Feiertag im Sommer. Alles ist geschlossen und die Stadt wirkt wie ausgestorben. Der Tag endet nach Mitternacht meist mit einem Feuerwerk am Tiber – ein optischer Leckerbissen, den sich niemand entgehen lassen sollte.

September

- Als die Kommunisten noch eine politische Größe in Italien waren, galt die **Festa dell'Unità** für viele Italiener als einer der Höhepunkte des Jahres. Die Kommunisten haben sich längst reformiert und wollen nicht mehr viel von ihrer moskautreuen Vergangenheit wissen. Die Feste gibt es aber immer noch und am Holzkohlegrill versammeln sich die alten Genossen zu einem Plauderstündchen über die guten alten Zeiten. Zwischen Ende August und Mitte September weisen überall in den Stadtteilen Roms besondere Plakate auf die Feste hin, bei denen für jeden etwas geboten wird.

Oktober

- Das **römische Filmfestival** findet in dem vom Stararchitekten Renzo Piano erbauten Auditorium (s. S. 95) im Norden Roms statt. Das Publikum ist typisch römisch. Die Zuschauer bringen gerne ihre Kinder mit, die sich während der

730ro Abb.: ©Kraft74, stock.adobe.com

307ro Abb.: apt

Aufführungen gelegentlich akustisch bemerkbar machen. Der Besuch des Filmfestivals ist ein typisch italienisches Erlebnis, das sich niemand, der sich für Kino und Italiens Kulturszene interessiert, entgehen lassen sollte. Infos gibt es im Internet unter www.romacinemafest.it. Das Festival findet jährlich in der zweiten Oktoberhälfte statt. Der Kartenvorverkauf beginnt ca. zwei Wochen vor Beginn der Veranstaltung, Tickets kann man im Auditorium oder im Internet unter www.romacinemafest.it/it/biglietteria erwerben.

Dezember, Januar

› Etwas anders als in Deutschland wird in Rom das **Weihnachtsfest** gefeiert. Es beginnt schon bei den kulinarischen Genüssen: Heiligabend gibt es meistens Fisch, und zwar so viel wie der römische Magen vertragen kann. Am ersten Weihnachtsfeiertag wird dann oft ein Milchlamm *(abbacchio)* verzehrt und **Silvester** ist dann Stockfisch *(baccalà)* ein Muss. Genauso traditionell gibt es zu **Neujahr** Linsen, die bringen, so meint der Aberglaube, viel Geld im neuen Jahr.

› Eher abschreckend wirkt der **Weihnachtsmarkt**, der von Anfang Dezember bis zum 6. Januar auf der Piazza Navona 19 stattfindet. Mittlerweile sind es so viele Buden, dass man den barocken Platz als solchen nicht mehr erkennen kann. Unerträglicher Kitsch wird verkauft, alles ist überteuert und man sollte auf sein Portemonnaie achten. An beiden Weihnachtsfeiertagen ist nahezu alles geschlossen, genau wie am Silvesternachmittag und zu Neujahr.

› Der **Silvesterabend** wird gerne im Restaurant gefeiert. Da trifft man sich dann mit vielen Freunden an einem großen

Zu Weihnachten ist der Petersplatz 36 festlich geschmückt

Das Auditorium ist für das Filmfestival beflaggt

7310ro Abb.: ©fotorealis, stock.adobe.com

Tisch und feiert bis in die frühen Morgenstunden. Die Tische müssen aber auf jeden Fall immer reserviert werden und es gibt ein festes Menü. Wer also am Silvesterabend irgendwo in Rom noch einen freien Platz in einem Restaurant sucht, der wird vermutlich kein Glück haben.

- Am meisten los ist in der **Neujahrsnacht** auf der Piazza del Popolo 21. Dort finden Rockkonzerte statt und um Mitternacht wird ein großes Feuerwerk abgebrannt.
- Am 6. Januar beschließt die **Festa della Befana** die weihnachtlichen Festlichkeiten. Die *Befana* ist eine Hexe, die mit dem deutschen Nikolaus zu vergleichen ist. Am Dreikönigstag kommt sie auf ihrem Besen geritten und bringt den bösen Kindern Kohlestücke, während die guten mit Schokolade bedacht werden. In Wirklichkeit werden an diesem Tag die vor die Fenster gehängten Strümpfe natürlich aller italienischen Kinder mit riesigen Mengen an Süßigkeiten gefüllt.

Offizielle Feiertage

- **1. Januar:** *Neujahrstag*
- **6. Januar:** *Festa della Befana* (Dreikönigstag)
- **25. April:** *Tag der Befreiung vom Faschismus* (1945); viele Veranstaltungen in der Stadt
- **1. Mai:** *Tag der Arbeit.* An diesem werden traditionell *Fave* und *Pecorino* (rohe Saubohnen mit Schafskäse) verzehrt. Viele Römer fahren gerne ans Meer oder in die Umgebung. Die Stadt selbst ist an diesem Tag relativ ruhig, wenn man von den Demonstrationen der Gewerkschaften mal absieht.
- **2. Juni:** *Tag der Ausrufung der Republik* (1946); Militärparaden und Veranstaltungen
- **29. Juni:** *Festa di San Pietro e Paolo* (Roms Schutzheilige); Veranstaltungen vor dem Petersdom zu Ehren der Schutzheiligen
- **15. August:** *Ferragosto* (Mariä Himmelfahrt); der Höhepunkt des Sommers und einer der wichtigsten Feiertage. Schon im Umfeld dieser Tage hat alles geschlossen. Am 15. August ist die Stadt wie ausgestorben. Jeder, der kann, macht einen Ausflug ans Meer oder in die Colli Albani, eine Hügellandschaft südöstlich von Rom.
- **1. November:** *Allerheiligen*
- **4. November:** *Tag des Kriegsendes* (1918); die üblichen Militärparaden
- **8. Dezember:** *Mariä Empfängnis*
- **25./26. Dezember:** *Weihnachten.* An diesen Tagen ist fast alles geschlossen, aber es findet sich immer mal wieder ein offener Supermarkt.

„Befana"-Marionetten an einem Weihnachtsmarktstand

ROM VERSTEHEN

315ro Abb.: nw

Rom – ein Porträt

Rom in Zahlen

- **Gegründet:** 753 v. Chr.
- **Einwohner:** 2,76 Mio.
- **Bevölkerungsdichte:** 2148 Ew./km²
- **Fläche:** 1285 km²
- **Höhe ü. M.:** 37 m ü. M.
- **Stadtbezirke:** 19 (Municipi)

Rom liegt 13 bis 138 Meter über dem Meeresspiegel und hat nach offiziellen Angaben 2,76 Millionen **Einwohner,** die wirkliche Einwohnerzahl liegt aber bei geschätzten 6 Mio. Der engere Stadtbereich umfasst eine Fläche von 209 Quadratkilometern.

Rom ist die **Hauptstadt der Republik Italien.** Hier haben der Staatspräsident, der Senat und die italienische Regierung ebenso ihren Sitz wie alle bedeutenden Ministerien, die wichtigsten Landesbehörden, die Botschaften und Konsulate sowie auch die staatlichen Rundfunk- und Fernsehanstalten.

Es gibt eine **Universität,** die Sapienza, mit dem sie umgebenden Viertel San Lorenzo, in dem viele junge Leute leben und in dem eine sehr intensive Bar- und Nightlifeszene existiert.

Rom wird vom Unterlauf des Tiber in zwei Teile gegliedert. Vor Christi Geburt war das Gebiet **westlich des Flusses** außerrömisches Gebiet. Heute befinden sich auf der westlichen Seite der als souveränes Staatsgebiet geltende **Vatikanstaat** und das malerische Stadtviertel **Trastevere** 31. Der Vatikanstaat umfasst eine Fläche von 44 Hektar und hat knapp 1000 Einwohner.

Der **östlich des Tiber** liegende Teil der Stadt umfasst das eigentliche Stadtgebiet: die mittelalterliche Altstadt, die erst nach der Rückkehr der Päpste aus dem Exil in Avignon (1377) entstand, und das ehemalige Zentrum des kaiserlichen Rom mit dem Kolosseum 4, dem Forum Romanum 2, dem Palatin 3 und den Kaiserforen 8.

Historisch entstand die Stadt Rom auf den berühmten **sieben Hügeln,** die sich auf dem Sumpfgebiet der römischen Campagna erheben. Das sind: Palatin, Esquilin, Viminal, Quirinal, der Kapitolshügel, Caelius und Aventin. Der Janiculus und der Pincio werden nicht dazugezählt, weil sie außerhalb der Mauern des antiken Rom lagen. Am niedrigsten sind der Aventin und der Kapitolshügel mit nur 47 Meter Höhe. Der Palatin 3 und der Caelius weisen eine Höhe von 50 Meter auf, der Janiculus ist gar 85 Meter hoch.

Nach dem Zweiten Weltkrieg entstand ein Ring von **Neubausiedlungen,** die Rom heute umgeben.

Sehenswert sind die **Vorstädte EUR und Garbatella.** Beide Stadtteile entstanden erst in den 1930er-Jahren. In dem Film des italienischen Regisseurs Nanni Moretti „Caro Diario" („Liebes Tagebuch") spielt der Stadtteil Garbatella eine wichtige Rolle. Mit seinem üppigen Grün und den bunten Häusern entwickelt sich hier die Atmosphäre eines Dorfes in der Stadt.

Etwa 30 Kilometer außerhalb der Stadt lockt das **Tyrrhenische Meer** mit seinen Reizen: lange Sandstrände, ein sehr lebendiges Nachtleben und ausgezeichnete Fischrestaurants am Meer.

Vorseite: Das Forum Romanum 2, vor 2000 Jahren der Mittelpunkt der Welt

Von den Anfängen bis zur Gegenwart

Die römische Geschichte ist voller Götter, Mythen und Sagen, dass man vor der Fülle fast Angst bekommen könnte. Der Psychoanalytiker und Weggefährte Freuds, C.G. Jung, wurde schon beim Kauf der Fahrkarte nach Rom ohnmächtig und sah die Ewige Stadt niemals in seinem Leben. Im folgenden Kapitel erhalten Sie die notwendige Orientierung, um einer eventuellen Ohnmacht vorzubeugen.

Im Dunkel der Geschichte

753 v.Chr. wurde Rom gegründet. Fast jeder hat wohl schon von der Geschichte der Brüder Romulus und Remus gehört, die von einer Wölfin großgezogen wurden. Als Romulus eine Mauer um seine neu gegründete Stadt Rom zog, verhöhnte ihn Remus. Kurzerhand wurde er dafür von dem rachsüchtigen Bruder erschlagen.

Was nach dem tragischen Ende eines Familienstreits aussieht, hat vermutlich symbolische Bedeutung. Die Legende der beiden Brüder verkörpert verschiedene Stämme (Latiner, Sabiner), die auf den sieben Hügeln Roms bereits seit dem 10. Jahrhundert vor Christus siedelten. Die Etrusker, die bedeutendste Macht im Italien vorrömischer Zeit, fassten die verschiedenen Stämme etwa im 8. Jahrhundert vor Christus zu einer Stadt zusammen und gaben ihr den etruskischen Namen Roma.

Das Gründungsjahr 753 v.Chr. ist zwar eine reine Kopfgeburt, kommt aber, wie neuere Ausgrabungen ergeben haben, dem tatsächlichen Gründungsdatum, das heißt der ersten Errichtung einer Stadtmauer auf dem Palatin 3, erstaunlich nahe. Die Überreste der ersten Siedlungen Roms können noch heute besichtigt werden.

Zwischen 800 und 500 v.Chr. dominierten die Etrusker ganz Italien. Dieses aus Kleinasien stammende Volk stellte die ersten sieben Könige Roms, die 250 Jahre lang über die Stadt herrschten. Vertrieben wurden die Etrusker von den Römern wegen der Schändung der Lukrezia. Der jüngste Sohn des Königs Sextus Tarquinius verliebte sich in die schöne Römerin und fasste den Entschluss, sie zu verführen. Die tugendhafte Lukrezia widersetzte sich aber den Annäherungsversuchen des Königssohns. Erst als Tarquinius drohte, sie zu töten, gab sie ihm nach. Am Tag darauf berichtete sie ihrer Familie von der Tat des Etruskers und stach sich vor den Augen ihrer Angehörigen ein

015ro Abb.: fs

Bis heute das Wahrzeichen Roms: die Wölfin mit den Zwilllingen Romulus und Remus

Messer in die Brust. Daraufhin brach eine Revolte gegen die fremden Herrscher aus, die **507 v. Chr.** mit der Vertreibung der etruskischen Könige endete. Die Geschichte der Schändung der Lukrezia ist eine Legende, wahr ist aber, dass Rom bis in das 6. Jahrhundert v. Chr. von den Etruskern beherrscht wurde. Noch bis in die Kaiserzeit hinein wurde der Tag des Ausbruchs der Revolte gegen die Etrusker als Tag der nationalen Befreiung gefeiert.

Republik und Bürgerkrieg

507 v. Chr. entstanden die ersten demokratischen Institutionen, die aber ausschließlich von den wohlhabenden Patriziern dominiert wurden. Regiert wurde die Stadt von zwei Konsuln, die für ein Jahr gewählt wurden. Beraten wurden sie von den Senatoren, die eine Art Parlament bildeten (Senat). In der Anfangszeit war der Zugang zu Staatsämtern ausschließlich den Patriziern vorbehalten. Die Patrizier waren die großen grundbesitzenden Familien, die in Clans *(gens)* organisiert waren. Zu einem Clan gehörten alle möglichen Abhängigen, das heißt Menschen, die dem Chef des Clans verpflichtet waren, eventuelle Schuldner, natürlich Sklaven usw. Letzte Spuren solcher Abhängigkeiten gegenüber einflussreichen Familien finden sich noch heute in Italien. Den Plebejern, also den nicht grundbesitzenden Römern, blieben viele Rechte verwehrt. Heiraten durften sie etwa nur untereinander. Aus Protest gegen die Patrizierherrschaft bildeten sie eine eigene Volksversammlung *(concilium plebis)* und wählten sich ihre Anführer selbst.

367 v. Chr. wurde der Konflikt durch das 12-Tafel-Gesetz beendet, das den Plebejern den Zugang zu den Staatsämtern und die Möglichkeit, in Patrizierfamilien einzuheiraten, eröffnete.

Außenpolitisch entwickelte sich der Stadtstaat schnell zur wichtigsten Macht in Mittelitalien. Durch eine straffe, rationelle Organisation des Staats- und Militärwesens waren die Römer gegenüber ihren politischen Konkurrenten im Vorteil. Zuerst wurden die Etrusker ausgeschaltet. Die Stadtstaaten Mittelitaliens wurden in das römische Staatsgebilde integriert.

Ende des 4. Jh. v. Chr. wurde Rom von den Kelten geplündert. Der Einfall des kriegerischen Volks aus dem Norden war ein Rückschlag für die Römer, die Kelten konnten sich aber nicht dauerhaft in Italien festsetzen.

264 v. Chr.–146 v. Chr. sicherten sich die Römer in den ungemein blutigen Punischen Kriegen endgültig die Macht über das südliche Italien, wo die Griechen etliche Kolonien gegründet hatten. Die junge Großmacht geriet auch mit dem nordafrikanischen Stadtstaat Karthago und seinem legendären Anführer Hannibal in Konflikt. Das Römische Reich wurde größer und damit auch immer schwerer zu kontrollieren. Soziale Unruhen, Sklavenaufstände und Machtkämpfe erschütterten das Land. Der konservative Senat wollte seine Macht nicht mit anderen teilen.

121 v. Chr. entfachten die Senatoren gegen den Reformer Gaius Grachus einen Volksaufstand, aus dem ein blutiger Bürgerkrieg entstand. Gaius Julius Cäsar schien vielen Römern der lang ersehnte starke Mann zu sein, der wieder Ruhe in den Staat bringen sollte. Durch seine erfolgreichen Feldzüge in Gallien und Spanien hatte sich der charismatische Römer eine kaum noch anfechtbare Stellung erworben. Nachdem er seinen Rivalen Pompejus ausgestochen hatte, war er praktisch Alleinherrscher.

Kaiserzeit

44 v. Chr. ermordete Brutus, der Ziehsohn Cäsars, den vielen zu mächtig gewordenen Diktator. Aber auch der Mord an Cäsar konnte das Ende der Republik nicht verhindern. Den Machtkampf nach Cäsars Tod entschied sein Adoptivsohn Octavian für sich. Er nahm den Namen Augustus (= der Erhabene) an und vereinigte die wichtigsten Staatsämter in seiner Person. Damit war die Republik endgültig abgeschafft.

14–37 n. Chr. regierte Tiberius als Nachfolger des Augustus. Am Ende seiner Amtszeit zeichnete sich schon der Hang zum Größenwahn ab, dem noch so mancher Kaiser des römischen Weltreichs erliegen sollte.

54–68 n. Chr. war mit Nero der Berüchtigste unter ihnen an der Macht. Er trat in seiner Anfangszeit als gebildeter und liberaler Herrscher auf, entpuppte sich aber dann immer mehr als Despot, der nicht davor zurückschreckte, seine Mutter und seine Ehefrau ermorden zu lassen.

64 n. Chr. Großer Brand von Rom zur Zeit Kaiser Neros.

98–117 n. Chr. Unter Kaiser Trajan erreichte das Römische Reich seine größte Ausdehnung: Von England bis nach Nordafrika und von Spanien bis nach Syrien reichten die Grenzen der Weltmacht. Insgesamt bestand es aus 46 Provinzen mit 80 Mio. Einwohnern. Mit der Größe des Reichs wuchs auch die Bedeutung der Armee.

Ende des 2. Jahrhunderts n. Chr. brach das Zeitalter der Soldatenkaiser an, eine Ära, die von revolutionsartigen Wirren und Instabilität gekennzeichnet war. Gleichzeitig gewann in der römischen Bevölkerung die Oppositionsbewegung der Christen immer mehr an Einfluss. Die Morallehre der jungen Religion widersprach völlig den Prinzipien des römischen Staates.

312 brachte die Machtübernahme Kaiser Konstantins den Christen den Sieg. Der junge Kaiser erkannte das Christentum als gleichberechtigte Religion an (Mailänder Edikt).

330 verlegte Konstantin die Hauptstadt des Römischen Reichs nach Byzanz, der Stadt, der er seinen Namen gab: Konstantinopel. Der Niedergang Roms war unaufhaltsam geworden.

395 zerbrach das Reich endgültig in einen oströmischen und einen weströmischen Teil. Bis zum 8. Jh. stand Rom unter dem Einfluss der Byzantiner. Die Bedeutung der Stadt nahm immer mehr ab. Zweimal wurde Rom von germanischen Stämmen geplündert. Die Monumente des Kaiserreichs zerfielen allmählich. Die Rolle des Papstes und der katholischen Kirche als weltlich-militärischer Machtfaktor war noch nicht gefestigt. In der Stadt kam es zu bürgerkriegsähnlichen Auseinandersetzungen zwischen den großen Adelsfamilien.

Päpste, Kaiser und Könige

1305 verlegte der Papst seinen Amtssitz in das französische Avignon – die Lage in Rom war zu unsicher geworden.

Im 16. Jahrhundert kam endlich der große Aufschwung. In Mitteleuropa und in Nordeuropa zog die neue Lehre des papstkritischen Protestantismus immer mehr Menschen in ihren Bann. Rom sollte dagegen zur prächtigen Hauptstadt der Gegenreformation werden. Der Kirchenstaat wurde zur wichtigsten weltlichen Macht in

Mittelitalien und für die architektonische Umgestaltung der Stadt wurde sehr viel Geld ausgegeben.

Ende des 18. Jahrhunderts kam es dann im Zusammenhang mit den französischen Revolutionskriegen zum endgültigen Niedergang der Macht der Päpste:

1798 geriet Pius VI. in Gefangenschaft und die Franzosen proklamierten die römische Republik.

Im 19. Jahrhundert verließen immer mehr Einwohner Rom. Das Forum Romanum, einst Mittelpunkt der Welt, verkam zur Kuhweide.

1870 wurde Rom Hauptstadt Italiens: Der italienische König zog von Florenz an den Tiber und mit ihm sein piemontesischer Hofstaat. Der junge Staat brauchte Beamte: Einwanderer aus ganz Italien strebten nach Rom, die Bevölkerungszahl verdoppelte sich zwischen 1870 und 1890. Die Stadt erwachte allmählich aus ihrem Dornröschenschlaf. Indes zog sich der Papst schmollend hinter die Mauern des Vatikan zurück. Die Macht des Kirchenstaates war gebrochen, der junge italienische Staat betrachtete das Oberhaupt der katholischen Kirche als politischen Gegner.

Faschismus

Am 29. Oktober 1922 ernannte König Viktor Emanuel III. Benito Mussolini zum Ministerpräsidenten. Die Machtübernahme veränderte die Stadt gewaltig. Rom sollte Hauptstadt des wieder erstandenen Römischen Reichs werden. Aufmärsche prägten das tägliche Leben und die politische Verfolgung Andersdenkender war an der Tagesordnung.

1929 gelang es Mussolini mit dem Abschluss der Lateranverträge, den seit der Gründung Italiens schwelenden Konflikt zwischen Kirche und Staat zu beenden. Der Vatikan beschränkte sich geografisch auf das Gebiet innerhalb der mittelalterlichen Leonischen Mauer, dafür garantierte der Staat den Bestand der Katholischen Kirche in Italien.

1940 trat Italien an der Seite Deutschlands in den Zweiten Weltkrieg ein. Die Bombardierungen des römischen Arbeiterviertels San Lorenzo verschärften schnell die Antikriegsstimmung in der Hauptstadt und in Italien.

Im Juli 1943 wurde Mussolini abgesetzt. Rom wurde von deutschen Truppen besetzt. Bald herrschten in der Stadt bürgerkriegsähnliche Zustände:

Im März 1944 starben bei einem Bombenattentat 32 Angehörige eines deutschen Polizeiregiments. Die deutschen Besatzer erschossen daraufhin 335 Italiener in den Steinbrüchen der Fosse Ardeatine 44.

Im Juni 1944 wurde die Stadt nach dem Abzug der deutschen Truppen kampflos von der amerikanischen Fünften Armee befreit.

Nachkriegszeit bis heute

Nach dem Zweiten Weltkrieg wurde Rom 30 Jahre lang von den Christdemokraten (Democrazia Cristiana, DC) regiert. Die Tageszeitung Il Messaggero kommentierte im Jahre 1972: „Die Herrschaft der DC in Rom hat ein Monstrum gezeugt, eine Stadt ohne Infrastruktur, eine Megalopolis ohne Knochen."

1976 konnten die Kommunisten das Kapitol erobern. Aber auch die neuen Herren auf dem Kapitol konnten keine wirklichen Veränderungen in der Stadt durchsetzen. Zumindest eine Idee ist übrig geblieben, der *estate romana,* der römische Sommer (heute Romarama, s. S. 96), ein kommunistisches Projekt aus den 1970er-Jahren: In den Sommermonaten finden noch heute unzählige Veranstaltungen statt, die es den Zuhausegebliebenen leichter machen sollen, in der Stadt zu verweilen.

In den folgenden Jahrzehnten wechselte das Amt des Oberbürgermeisters mehrmals zwischen dem rechten und dem linken Lager. **2016** wurde zum ersten Mal eine Frau zum Stadtoberhaupt gewählt. Die junge Rechtsanwältin Virgina Raggi von der 5-Sterne Bewegung (M5S) des Komikers und Wutbürgers Beppe Grillo trat an, die Korruption und die Verbindungen zur Mafia in der Stadtverwaltung zu bekämpfen, ein Kampf, den sie nur verlieren konnte. **2021** wurde Raggi von dem Sozialdemokraten Roberto Gualtieri abgelöst.

Italienische Innenpolitik

Bei den Parlamentswahlen im September **2022** wurden die Fratelli d'Italia zur stärksten politischen Kraft des Landes, eine Partei, die sich in der Tradition des italienischen Faschismus sieht. Die Parteivorsitzende und Römerin Giorgia Meloni wurde als erste Frau in der Geschichte Italiens zur Ministerpräsidentin gewählt und führt ein Dreierbündnis rechter Parteien an.

Schnell zeigte sich, dass die neue Regierungschefin pragmatisch genug ist, den befürchteten Bruch mit der EU zu vermeiden, zu sehr ist Italien auf die Gelder aus Brüssel angewiesen. Schwierig kann es in Zukunft aber für gesellschaftliche Randgruppen und die nationalen Minderheiten in Italien (Südtiroler und Slowenen) werden. Auch die Gleichberichtigung der Frauen wird unter einer Regierungschefin, die im Wahlkampf immer wieder den Wert der Religion und der Familie beschworen hat, keine weiteren Fortschritte machen. Privat pflegt Giorgia Meloni einen entspannten Umgang mit der Ehe: Sie selbst ist mit ihrem Lebensgefährten, mit dem sie eine Tochter hat, nicht verheiratet.

030ro Abb.: fs

⌂ *Blick vom Monte Mario über die römische Innenstadt*

Leben in der Stadt

Wie vor 2000 Jahren führen auch heute alle Wege nach Rom. Italien ist ein zentralistischer Staat, wenn auch zaghafte Versuche unternommen werden, den Regionen größere Autonomie zuzugestehen. Die wichtigsten nationalen Institutionen befinden sich in Rom – ein gewaltiger bürokratischer Apparat, der die Mentalität der Menschen, die hier leben, geprägt hat.

Erst seit 1870 ist Rom die **Hauptstadt** Italiens. Die intellektuellen und wirtschaftlichen Zentren befinden sich damals wie heute im Norden. Rom war sicherlich als Hauptstadt am ungeeignetsten. Das ehemals anarchisch-romantische Leben, von dem so viele Romreisende des 19. Jh. schwärmten, wurde zunehmend durch den Staat umgeformt. Ohne Vorbereitung wurde die Stadt, die in einem unglaublichen Tempo wuchs, mit Anforderungen konfrontiert, denen sie nicht gewachsen war.

016ro Abb.: fs

Dieses Dilemma ist noch heute zu spüren. Erschwerend kommt hinzu, dass viele für die Stadt eigentlich notwendige Veränderungen wegen der strikten **Auflagen der Archäologiebehörden** nicht durchgeführt werden können. Seit Jahrzehnten ist geplant, die Metrolinie C vom Osten Roms bis in die Innenstadt auszubauen, aber immer wieder stoßen die Bautrupps auf antike Überreste im Boden und müssen die Arbeiten einstellen. Ein **schlechter öffentlicher Nahverkehr** bedeutet natürlich, dass mehr Menschen das Auto nutzen – die Folgen kann man an jedem Werktag ab 17 Uhr an den großen Ausfallstraßen beobachten. Der **Smog** bedroht auch das Erbe des alten Rom: Die von Autoabgasen schwarz gewordene Fassade des Kolosseums wurde 2016 renoviert und die berühmte Reiterstatue des Kaisers Marc Aurel auf dem Kapitol musste jahrelang restauriert werden.

Seit den 1970er-Jahren wurde über eine generelle Schließung des historischen Zentrums für den **Autoverkehr** diskutiert. Mittlerweile ist es fast unmöglich geworden, mit dem Auto ins historische Zentrum zu fahren. Dafür tobt der Verkehr an der Peripherie der Stadt umso mehr.

Während der **Coronapandemie** zeigte sich, wie abhängig Rom vom Tourismus ist. Nach Venedig musste die Stadt die höchsten Einbußen in Italien hinnehmen. Die italienische Hauptstadt zählte im Krisenjahr 2020 knapp 10 Mio. Besucher weniger als im Jahr zuvor, finanziell wurde

Stille Beobachter des römischen Alltags auf der Piazza Navona 19

ein Verlust von 2,3 Mrd. Euro angegeben. Die kleinen, alteingesessenen Restaurants und Trattorien haben die Krise am besten überstanden: Oft handelt es sich um Familienbetriebe mit geringen Miet- und Personalkosten und treuer Stammkundschaft. Schwierig wurde es für die Touristenlokale, die von Einheimischen so gut wie gar nicht frequentiert werden.

Roms Stadtbild wird nicht zuletzt vom **Vatikan** geformt. 750 Einwohner und mehr als 3000 Angestellte zählt der Vatikanstaat. Eine andere geschlossene Gesellschaft bilden die meist gut betuchten **adligen Abkömmlinge** des Kirchenstaats. Die Familiennamen vieler Päpste, ob es nun die Orsini, Borghese oder Torlonia sind, finden sich allesamt im römischen Telefonbuch. Sie sind allgemein bekannt für ihre erlesenen Feste, die sie gerne in ihren prächtigen Häusern veranstalten. Nur sehr schwer findet man Zugang zu den Kreisen der „besseren Gesellschaft", dem Adel, dem Klerus, dem alten Bürgertum und den Politikern – die oberen Zehntausend der italienischen Hauptstadt bleiben gerne unter sich.

Die römische **Mittelschicht** ist geprägt vom Bürokratieapparat, eine relativ homogene soziale Gruppe, die sich vor allem während der Zeit des Faschismus etabliert hat. Von 1925 bis 1943 verdoppelte sich die Einwohnerzahl Roms von 700.000 auf 1,5 Mio. Dieses Bevölkerungswachstum war vor allem eine Folge des Ausbaus der Bürokratie, die einen enormen Personalbedarf hatte. In Rom befinden sich nicht nur die Verwaltungseinrichtungen des italienischen Staats und der Stadtverwaltung, sondern auch die der Provinz Rom und der Region Latium. Der aufgeblähte Verwaltungsapparat verschlingt etwa die Hälfte aller öffentlichen Einnahmen. Nicht wenige Römer wären ohne dieses „Beschäftigungsprogramm" arbeitslos.

Mussolinis Beamte prägten die Stadt vor allem in den Nachkriegsjahren. Viele von ihnen hielten der postfaschistischen MSI, Vorläufer der heutigen, europafeindlichen Partei „Frattelli Italia", die Treue und trugen dazu bei, dass Rom nach dem Zweiten Weltkrieg zu einer Hochburg des italienischen Neofaschismus wurde.

Und dann gibt es natürlich das Rom der **einfachen Leute:** Die stammen meistens aus Süditalien und haben mit ihrer Mentalität die Stadt in den letzten 100 Jahren geprägt. Der einfache, laute und herzliche Römer auf der Straße hat oft süditalienische Vorfahren.

Das **Leben in der Familie** spielt in Rom auch heute noch eine große Rolle. Kaum ein Römer verlässt vor seiner Heirat das Elternhaus. Ein Grund dafür liegt sicherlich in der katastrophalen Wohnungssituation in Rom. Andererseits ist es aber auch ein Beharren auf einem Leben im Familienverband, gepaart mit einer gewissen Bequemlichkeit.

Rom hat eine lange Erfahrung mit **Zuwanderern.** Schon die katholische Kirche hat immer wieder Einwanderer angezogen. Alle wichtigen Künstler, die in Rom für die Päpste gearbeitet haben (Michelangelo, Bernini, Raffael), kamen aus anderen Gegenden Italiens. Heute kommen die meisten Einwanderer aus Nordafrika, mittlerweile auch aus Afghanistan und Syrien, nach Italien. Die Lage für Geflüchtete ist schwierig, illegal in Italien lebende Menschen werden oft von der Mafia in prekäre Arbeitsverhältnisse gezwungen. Nur wenige bleiben dauerhaft in Rom, die meisten wollen in den Norden – entweder in die wohlhabenderen norditalienischen Regionen oder nach Deutschland.

Auf der Straße wird man keinen **Rassismus** spüren, die Römer begegnen Fremden freundlich und aufgeschlossen. Wer allerdings am Wochenende ins Fußballstadion geht, um sich ein Heimspiel von Lazio Rom anzusehen, wird möglicherweise Zeuge rassistischer und faschistischer Sprechchöre. Viele Römer nehmen wegen derartiger Szenen, die in einer kosmopolitischen Stadt wie Rom besonders absurd sind, mittlerweile Abstand von einem Stadionbesuch.

Von Wildschweinen und anderen Unwägbarkeiten

Bekanntlich ist die Wölfin das **Wappentier Roms.** Unlängst wurde in der römischen Öffentlichkeit aber der nicht ganz ernst gemeinte Ruf laut, das **Wildschwein** zum neuen Wappentier zu machen.

Tatsächlich wurden in den vergangenen Jahren so viele **Wildschweine in der Stadt gesichtet,** dass eine bekannte römische Tageszeitung darauf verwies, dass es doch naheliegend sei, einem Tier, das sich in der Millionenstadt so wohlfühlt, den Platz im Wappen der „Ewigen Stadt" zu überlassen und gegen die etwas in die Jahre gekommene Wölfin auszutauschen.

Der Grund für die Ausflüge der Wildschweine bis in die römische Innenstadt sind die Essensreste vor den Restaurants, die in Rom schon seit Jahren nicht mehr regelmäßig entsorgt werden können, weil die Mülldeponien in der Region überfüllt sind. Angelastet wurde dies der Oberbürgermeisterin **Virginia Raggi** von der 5-Sterne-Bewegung *(cinque stelle),* die nach fünf Jahren Amtszeit abgewählt wurde.

Jetzt soll es ihr sozialdemokratischer Nachfolger **Roberto Gualtieri** richten, der 2021 sein Amt antrat. Auf ihn warten schwierige Aufgaben: Der öffentliche Nahverkehr ist so schlecht ausgebaut wie in kaum einer anderen europäischen Hauptstadt, die zahlreichen Euronorm-3-Fahrzeuge müssen aus dem Stadtbereich verbannt werden und die mafiösen Strukturen in der Stadtverwaltung sind immer noch ein ungelöstes Problem. Außerdem steht 2025 ein **Heiliges Jahr** an, das alle 25 Jahre stattfindet und zu dem 25 Millionen Besucher erwartet werden – eine logistische Herausforderung.

Doch Herausforderungen bergen auch Chancen: Touristisch hat Rom während der **Coronapandemie** eine Trendwende erlebt, die Besucher sind jünger geworden. Junge Menschen, gerne auch mit kleinen Kindern, besuchten während der Pandemie eine Stadt, die sie früher vielleicht niemals bereist hätten, weil sie ihnen als zu voll, laut und hektisch erschien. Zur gleichen Zeit bevorzugten die älteren Semester, die sonst den Großteil der Rom-Touristen ausmachen, den scheinbar weniger riskanten Urlaub in der Heimat, obwohl die Infektionszahlen in Rom fast immer unter denen in Deutschland lagen.

Schnell sprach die römische Stadtverwaltung davon, dass ein neuer **Qualitätstourismus** in Rom Einzug halten müsse. Dass eine Stadt, die zum größten Teil vom „Erdöl Italiens" lebt, sich das leisten kann, ist aber sehr unwahrscheinlich.

PRAKTISCHE REISETIPPS

308ro Abb.: nw

An- und Rückreise

Mit dem Flugzeug

Rom hat zwei Flughäfen: **Roma Fiumicino** ist der größere. In **Roma Ciampino** landen neben den Fliegern der Billigfluglinien auch Charter- und Militärflugzeuge.

› Infos zu beiden Flughäfen: www.adr.it

Die **Lufthansa** bietet Flüge nach Rom (hin und zurück ca. 160 €) an. Direktflüge starten z. B. ab Frankfurt/Main, Düsseldorf, Stuttgart oder München. Die Nachfolgegesellschaft der einstigen Staatslinie Alitalia, **ITA**, hat ein ähnliches Angebot wie die Lufthansa, unter Umständen lohnt sich ein Vergleich. Manche Billigfluglinien bieten Flüge ab 40 € an.

› www.lufthansa.com, www.ita-airways.com

Fiumicino (Leonardo da Vinci)

Der Flughafen Leonardo da Vinci liegt 36 km südwestlich von Rom in Fiumicino und hat drei Abfertigungshallen. Die Ankunftshallen sind unten, die Abfertigungshallen oben (Halle A Inlandsflüge, Halle B internationale Flüge und Halle C internationale und interkontinentale Flüge).

› Am schnellsten kommt man mit dem **Leonardo Express** in die Innenstadt. Der Zug fährt in 35 Minuten ohne Zwischenhalt für 14 € (Kinder unter 4 Jahren zahlen nichts) bis zum Hauptbahnhof (Stazione Termini), Abfahrt alle 30 Minuten. Tickets gibt es am Automaten am Bahnsteig oder online unter www.leonardo-express.com. Der erste Zug ab dem Flughafen fährt um 6.37 Uhr, der letzte um 23.37 Uhr. Ab dem Hauptbahnhof fährt der erste Zug um 5.25 Uhr nach Fiumicino, der letzte um 22.52 Uhr.

› Bei Ankunft in der Nacht gibt es **Nachtbusse.** Abfahrtszeiten: 0.30, 1.15, 2.15, 3.30 und 5 Uhr.

› Es gibt auch einen privaten **Busshuttle der Firma SIT** (www.sitbusshuttle.it) in die Innenstadt. Er verkehrt ab dem internationalen Terminal zwischen 8.30 und 13.30 Uhr halbstündlich, danach bis 0.30 Uhr stündlich. Der Bus macht einen Zwischenstopp an der Piazza Cavour [E6] und fährt dann bis zum Hauptbahnhof. Das Ticket kostet 6 €, die Fahrt dauert 45 Minuten.

› Auch mit der **S-Bahn (Ferrovie Regionali)** kann man im 20-Minuten-Takt nach Rom fahren (ab 5.27 Uhr bis 23.27 Uhr) bis nach Tiburtina über Trastevere, Ostiense und Tuscolana. Das Ticket kostet 8 €. Die Fahrkarten sind im Flughafen, am Bahnsteig oder in den Zeitungsläden erhältlich. Beim Betreten des Bahnhofs muss das Ticket an einem Automaten entwertet werden. Die **Bahnsteige** sind unterirdisch und der Weg dorthin im Flughafengebäude gut ausgeschildert.

› Die Fahrt mit dem **Taxi** bis zum Bahnhof dauert 40 bis 50 Min. und kostet 50 € (Festpreis). Beim Verlassen des Terminals wird man oft von vermeintlichen Taxifahrern angesprochen. Schwarztaxis sollten gemieden werden, da es zu unangenehmen Überraschungen kommen kann.

› **Mietauto:** Alle Mietwagenfirmen sind in dem Parkhaus gegenüber des Terminals zu finden. Der Weg ist gut beschildert (Car rent).

Ciampino

Der Flughafen der Billigfluganbieter liegt etwa 15 km südöstlich des

‹ Vorseite: Vor dem Senatorenpalast auf dem Kapitol ❶ *weist die Bronzekopie der Reiterstatue Marc Aurels „berittenen" Touristen den Weg*

Stadtzentrums, die Stadt ist gut zu erreichen.

- Terravision bietet einen **Shuttleservice** vom Flughafen Ciampino bis zum Hauptbahnhof (Stazione Termini). Die Busse verkehren zwischen 4.30 (Hauptbahnhof) bzw. 5.10 Uhr (Flughafen) und 0.15 (Flughafen) bzw. 0.55 Uhr (Hauptbahnhof). Die Fahrtzeit beträgt rund 40 Minuten. Der Fahrschein für eine Einzelfahrt kostet 6 € (Onlinebuchung, www.terra vision.eu).
- Es gibt öffentliche Verkehrsmittel. Die blauen **COTRAL Busse** fahren vom Flughafenvorplatz von 6.30 bis 23.10 Uhr bis zur Metrostation der Linie A (Anagnina).
- **Taxi:** Eine Fahrt ins Zentrum kostet ca. 40 € (22–6 Uhr 20 % Nachtzuschlag).
- **Zug:** Abfahrt von der Haltestelle Ciampino alle 15 Minuten ins Stadtzentrum, einfache Fahrt 3 €.
- **Mietauto:** Die Autovermietungen befinden sich direkt neben der Ankunftshalle *(arrivi)*. Die Fahrt dauert mindestens 40 Minuten je nach Verkehrslage. Die GRA Ringstraße führt in Roms Stadtzentrum.

Mit dem Auto

Nach Möglichkeit sollte man es vermeiden, mit dem Auto nach Rom zu fahren. Wer es dennoch tut, der überprüft besser seine Unfall- und Haftpflichtversicherung vorher noch einmal. Ratsam ist vor allem auch eine Versicherung gegen Diebstahl. Besonders ausländische Wagen werden gerne aufgebrochen. Außerdem sollte man bedenken, dass es so gut wie keine Parkplätze gibt.

Verkehrsbestimmungen

Grundsätzlich gilt auf den italienischen Autobahnen ein maximales **Tempo** von 110 km/h und auf Landstraßen (wie ausgeschildert) zwischen 90 und 110 km/h. Innerhalb geschlossener Ortschaften gilt das Tempolimit 50 km/h.

Inzwischen muss auf Landstraßen und Autobahnen auch bei Tageslicht das **Abblendlicht** eingeschaltet sein. Eine gelbe **Sicherheitsweste** muss im Fahrzeug liegen. Die Weste ist auch bei Dunkelheit gut erkennbar und muss angezogen werden, wenn man mit dem Auto liegen bleibt und aussteigt.

Vergessen Sie nicht, sich bei der Versicherung eine **grüne Versicherungskarte** zu besorgen. Zwar soll nach einer EU-Richtlinie die Karte nicht mehr Pflicht sein, trotzdem bestehewn einige Carabinieri auf dem Dokument.

Einige nützliche Hinweise für Reisen nach Italien erteilt der **italienische Automobilclub** im Internet unter www.aci.it.

Trampern drohen auf italienischen Autobahnen hohe Strafen. Je nach Standort werden zwischen 25 € und 100 € Strafe berechnet. Das Tramperverbot gilt nicht nur auf allen Fahrbahnen des Autobahnnetzes, sondern auch auf den Auffahrtstraßen sowie an den Autobahntankstellen.

Auch **Temposünder müssen** mit saftigen Geldbußen rechnen. Bereits die Überschreitung des Tempolimits bis zu 10 km/h kostet 100 €. Wer zwischen 10 und 40 km/h zu schnell unterwegs ist, zahlt knapp 460 €. Schmerzliche 1074 € Strafe und der Entzug des Führerscheins bis zu drei Monaten drohen den Fahrern, die Tempolimits um mehr als 40 km/h überschreiten.

Alkoholkontrollen gibt es seit einiger Zeit immer häufiger. Wer betrunken einen Unfall verursacht, muss mit einer saftigen Strafe rechnen. Die **Promillegrenze** liegt bei 0,5.

Ankunft in Rom

Egal von welcher Seite man sich Rom nähert, um den Raccordo Anulare, die während des Berufsverkehrs immer überfüllte römische **Autobahnumgehung**, kommt der Autofahrer nicht herum. Mittlerweile hat der Raccordo über 50 Ausfahrten. Vorsicht: Wer einmal eine Ausfahrt verpasst, läuft Gefahr, sich zu verirren.

Für die Stadtviertel Gianicolo, Trastevere und Vatikan nimmt man die Ausfahrt *(uscita)* Nr. 1 (Aurelia). Das Gebiet rund um die Piazza del Popolo und die Villa Borghese erreicht man am besten über die Via Flaminia (Ausfahrt Nr. 6). Für die Gegend rund um den Hauptbahnhof nimmt man die Ausfahrt Nr. 14 (Tangenziale est).

Den Süden der Stadt (Kolosseum, Aventin, Forum Romanum, Testaccio) erreicht man am besten über die Ausfahrt 27 (Viale C.Colombo).

In die Innenstadt Roms kommt man nur mit einer **Sondergenehmigung** (Taxi oder Anwohner). Wer trotzdem einfährt und von den Überwachungskameras gefilmt wird, zahlt eine hohe Strafe.

030ro Abb.: fs

Autofahren

Verkehrssituation

Seit November 2022 sind Euronorm-2-Fahrzeuge und Euro-3-Diesel in dem Gebiet innerhalb der Autobahnumgehung (GRA) verboten, ab 2023 folgen Euro-3 (Benzin) und Euro-4 (Diesel). Wenn die Feinstaubbelastung zu hoch ist, wird ein generelles Fahrverbot ausgesprochen.

› **Notruf** des italienischen Automobilclubs ACI: 116

Tanken

Viele Tankstellen halten konsequent die **Mittagspause** zwischen 13 und 17 Uhr ein, aber es gibt Automaten, an denen man mit Banknoten oder Kreditkarte bezahlen kann.

Diesel heißt in Italien *Gasolio.* **Bleifreies Benzin** ist grün gekennzeichnet und hat 95 Oktan (Normal) oder 98 Oktan (Super). Ein Liter Benzin kostet ca. 1,75 €, Diesel ca. 1,80 €.

Parken

Parkplätze gibt es am Tiberufer, natürlich auch nur in begrenzter Zahl. Wer das Glück hatte, einen Platz zu finden, muss am Parkscheinauto-

◁ *In Rom ist vieles zeitlos*

mat *(parcometro)* ein Ticket lösen (pro Stunde 1€). Falschparker werden schnell abgeschleppt. Den Wagen dann wiederzufinden, ist schwierig. Es gibt am Rande der Innenstadt zwei große Parkplätze:

P125 [H5] **Parcheggio Saba Villa Borghese,** Einfahrt auf dem Corso Italia oder von der Porta Pinciana; 1 Stunde 2,20€, ein ganzer Tag (24 Stunden) 22€

P126 [H5] **Parking Ludovisi,** Einfahrt an der Ecke Via Ludovisi/Via Crispi, Tel. 06 4740632; 1 Stunde 2,50€, ein Tag (24 Stunden) 20€

Mietwagen

- **Avis:** Via Giovanni Giolitti 34, Tel. 06 4814373
- **Europcar:** Via Fiume Giallo 196, Tel. 800014410
- **Hertz:** Via Sardegna 30a, Tel. 199112211
- **Maggiore:** Via Po 8, Tel. 147867067

Barrierefreies Reisen

Anreise mit Zug oder Flugzeug

In den römischen Flughäfen Fiumicino und Ciampino erfolgt die Betreuung behinderter Passagiere durch ADR Assistance. Die Betreuung am Boden muss 48 Stunden vor Abflug bei der jeweiligen Fluggesellschaft angefordert werden. Informationen (auf Englisch) und Pläne gibt es unter www.adrassistance.it.

Die Fluggesellschaft ALITALIA verfügt im Flughafen Fiumicino in Rom über die „Sala Amica", einen Raum zum Warten auf den Flug und zum Check-in für behinderte oder ältere Personen und für Minderjährige ohne Begleitung (bis 12 Jahre). Informationen unter Tel. 06 2222 (die Nummer ist nur aus Rom erreichbar).

Vom Flughafen „Leonardo da Vinci" in Fiumicino erreichen Sie den Hauptbahnhof „Roma Termini" mit dem Direktzug „Leonardo Express". Im Bahnhof des Flughafens gibt es auf Wunsch einen Shuttlebusdienst für Personen mit Rollstuhl und eine Begleitung für behinderte Personen bis zum Bahnsteig. An der Gepäckausgabe gibt es Telefonsäulen für behinderte Menschen. Hier kann man sich informieren bzw. eine Begleitung anfordern.

Am Hauptbahnhof Roms, „Termini", steht dann ebenfalls eine Hilfe beim Aussteigen zur Verfügung. Für diesen Service wenden Sie sich einfach an den Hilfsdienst für Behinderte *(accoglienza a persone disabili)* im Bahnhof Fiumicino, Tel. 06 47305300.

Der römische **Hauptbahnhof** verfügt über ein Aufnahmezentrum für Behinderte, das auf Wunsch dem Reisenden bei seiner Ankunft und Abreise einen Begleitdienst zur Verfügung stellt. Diesen Dienst kann man telefonisch unter Tel. 06 4881726 anfordern, Gehörlose können auch das D.T.S.-Telefon unter Tel. 06 47306245 benutzen.

Mit dem eigenen Fahrzeug

Touristen, die einen EU-Parkausweis für Personen mit Behinderungen besitzen, können die für öffentliche Verkehrsmittel und Taxen reservierte Fahrbahn nutzen sowie auf (nicht fahrzeuggebundenen) Behindertenparkplätzen und gratis auf kostenpflichtigen Parkplätzen, die mit blauen Linien gekennzeichnet sind, parken.

Für den Zugang zu den verkehrsberuhigten Zonen in der Innenstadt (ZTL 1 und ZTL 2) müssen rechtzeitig im Voraus der oder die betreffenden Tage mitgeteilt werden. Anträge finden sich unter:

› https://romamobilita.it/en/services/people-disabilities

Öffentlicher Nahverkehr

Zwei **U-Bahnlinien** verbinden die Altstadt mit den Außenbezirken von Rom. Die Linie A verläuft auf der Strecke Anagnina–Battistini. Die Linie B verkehrt zwischen dem Bahnhof Laurentina zum Bahnhof Rebibbia.

Die ältere Linie A wurde in den letzten Jahren an den wichtigsten U-Bahnhöfen mit Aufzügen ausgestattet, damit Rollstuhlfahrer die Bahnsteige erreichen und die Bahn nutzen können. Wenn es keinen Aufzug gibt, sind Treppenlifte *(montascale)* vorhanden. Es häufen sich allerdings leider Meldungen von Metrostationen, in denen die Aufzüge/Treppenlifte entweder defekt oder in Wartung sind.

Was die Mobilität im Straßenverkehr betrifft, so gibt es mittlerweile Rampen im Bürgersteig und zahlreiche **Busse** mit hydraulischer Plattform sind im Einsatz. Manchmal haben die Busse aber Schwierigkeiten, an dieser Rampe zu halten, was ihre Benutzung durch Passagiere im Rollstuhl erschwert.

Die **Straßenbahn-Linie 8**, die den Stadtteil Trastevere mit der Innenstadt verbindet, wurde für Passagiere mit Rollstuhl ausgestattet.

› Informationen gibt es auf der Website der römischen Verkehrsbetriebe www.atac.roma.it (nur in der italienischen Version)

Diplomatische Vertretungen

- •127 [K6] **Deutsche Botschaft,** Via San Martino della Battaglia 4, Tel. 0039 06 492131, www.rom.diplo.de
- •128 [G3] **Konsularabteilung der österreichischen Botschaft,** Viale Bruno Buozzi 111, Tel. 0039 06 8418212, www.bmeia.gv.at/oeb-rom
- •129 [S. 23] **Botschaft der Schweizerischen Eidgenossenschaft,** Via Barnaba Oriani 61, Tel. 0039 06 809571, www.eda.admin.ch/roma

Elektrizität

Die Netzspannung beträgt 220 Volt. Meistens passen die üblichen Flachstecker, aber es gibt immer wieder dreipolige Steckdosen, für die man einen Adapter braucht, der aber fast immer an der Hotelrezeption zu haben ist. Wer sichergehen will, besorgt sich am besten schon zu Hause im Elektrohandel einen Adapter.

Geldfragen

Mit **Debitkarten** (EC-/Giro-/Maestro-, VPAY-Karte) oder einer **Kreditkarte** kann man an fast allen Geldautomaten in der Stadt Bargeld abheben.

In ganz Italien liegen die Preise über dem europäischen Durchschnitt. Vor allem Rom ist kein preisgünstiges Reiseziel. An Orten, an denen sich viele Touristen aufhalten, sind die Preise grundsätzlich zu hoch. Teuer ist auch das **Übernachten.** Ein Doppelzimmer kostet mindestens 80 € und 180 € können schon als durchschnittlich gelten.

Eigentlich sollte ein **Espresso** nicht mehr als 1 € kosten. Vor dem Pantheon 18 kann man aber auch schnell 3,50 € oder mehr ausgeben. Gehen Sie lieber in die nächste Seitenstraße, wo der Kaffee dann günstiger ist.

Es gibt sie noch, die kleinen **Trattorien** in den verträumten Altstadtgassen – preisgünstig sind sie aber nicht. Durchschnittlich muss man für einen einfachen Teller Pasta ab 8 € rechnen. Eine Pizza Margherita bekommt man ab 6,50 €, ein Hauptgericht *(Secondo)* ist ab 10 € zu haben. Ein halber Liter Hauswein kostet ab 7 €. Allerdings muss man bedenken, dass die angebotene Qualität der Speisen weit über dem Niveau der durchschnittlichen italienischen Restaurants in Deutschland liegt.

716ro Abb.: mb

Manche Euromünzen tragen römische Motive (Kapitol mit Reiterstandbild Marc Aurels und Kolosseum)

MEIN TIPP

Rom preiswert

- Mit dem **Bus Nr. 62** kann man für 1,50 € eine Stadtrundfahrt vom Petersdom durch die Innenstadt (Piazza Venezia, Via del Corso, Piazza Barberini) bis zur Piazza Bologna unternehmen. Der Bus verkehrt zwischen 8 und 20 Uhr und fährt alle 20 Minuten ab. www.atac.roma.it.
- Eine der günstigsten, wenn nicht gar die günstigste Trattoria im Zentrum Roms ist die **Trattoria Luzzi** (s. S. 89). Das in der Nähe des Kolosseums gelegene, einfache Lokal ist allerdings (vielleicht genau deshalb) praktisch immer überfüllt. Pasta gibt es ab 7 €, Pizza ab 6 €.
- Am letzten Sonntag im Monat ist der **Eintritt zu den Vatikanischen Museen frei,** allerdings ist nur bis 13.45 Uhr geöffnet. Entsprechend lang sind dann die Schlangen vor den ohnehin immer überfüllten Museen.
- An vielen Orten ist für **Menschen unter 18 Jahren der Eintritt frei.** Für EU-Bürger unter 25 Jahren gibt es Ermäßigungen. Am besten an der Kasse fragen und Ausweis bereithalten.
- Es gibt **Rabattpässe,** die den Eintritt für mehrere Sehenswürdigkeiten beinhalten. Z. T. können Express-Warteschlangen genutzt werden, manche Pässe beinhalten freie Fahrt im öffentlichen Nahverkehr. Der **Roma Pass** z. B. (www.romapass.it, 48 Std. 32 €, 72 Std. 52 €) beinhaltet für die Gültigkeitsdauer die Nutzung des ÖPNV sowie freien Eintritt zum Kolosseum 4, in die Villa Borghese 22 und zur Engelsburg 34. Der **Roma Turbo Pass** (www.turbopass.de/rom-city-pass) mit einer Gültigkeit von 1 bis 7 Tagen (71,90 € für 1 Tag, 126,90 € für 7 Tage), beinhaltet 1 Tag Hop-on-hop-off-Bus sowie freien Eintritt für Kolosseum 4, Vatikan (s. S. 58), Engelsburg 34 und Sixtinische Kapelle (s. S. 65).

Schuhe italienischer Herstellung sind hier im Herkunftsland wesentlich günstiger und besser verarbeitet als in Deutschland. Es lohnt sich auch, nach **Oberbekleidung** zu schauen. Billig sind die vielen Märkte, die meistens auch Bekleidung anbieten, allerdings lässt die Qualität zu wünschen übrig.

Die **Eintrittspreise** sind dem Ereignis angemessen. Der Eintritt für den Palatin und das Kolosseum, die beiden Hauptsehenswürdigkeiten des alten Rom, beträgt 16 €.

Pro Tag sollte man mit Reisekosten von mindestens 100 € pro Person rechnen.

Hunde

In der überfüllten italienischen Hauptstadt sind auffällig wenige Hunde unterwegs, auch den Reisenden kann eigentlich nur davon abgeraten werden, die Vierbeiner mitzunehmen. In die Sehenswürdigkeiten dürfen Hunde nicht hinein, selbst in der verfallenen antiken Stadt Ostia Antica 47 sind Hunde unerwünscht. In Rom kann man sich eigentlich nur in den **zahlreichen Parks** unbeschwert mit seinem Tier bewegen. Zwar dürfen sie im **öffentlichen Nahverkehr** mitfahren, aber da Busse und Bahnen chronisch überfüllt sind, ist auch davon nur abzuraten.

In Italien gelten die EU-Einreisebestimmungen, das heißt, es muss eine tierärztliche Bescheinigung der **Tollwutimpfung** vorliegen und das Tier muss einen Mikrochip haben. Es ist verboten, mit Hunden einzureisen, die jünger als drei Monate sind. Außerdem muss man einen **Maulkorb** und eine Leine dabeihaben.

Informationsquellen

Infostellen in der Stadt

Über die ganze Innenstadt verteilt finden sich Infostellen, sogenannte **PIT** *(Punti di Informazione Turistica)*, des städtischen Fremdenverkehrsamts. In diesen Pavillons bekommt man von fachkundigem Personal viele Prospekte und allerlei Auskünfte.

› https://turismoroma.it

ⓘ130 [K7] **PIT Stazione Termini,** Via Giovanni Giolitti 34, tägl. 9.30–19 Uhr

ⓘ131 [H8] **PIT Fori Imperiali**, Via dei Fori Imperiali 1, tägl. 9.30–19 Uhr

ⓘ132 [E6] **PIT Engelsburg,** Piazza Pia, tägl. 8.30–18 Uhr

› **PIT Flughafen Leonardo da Vinci,** Terminal T3 (internationale Ankünfte), tägl. 9–17.45 Uhr

› **Flughafen Ciampino (Ankunft International):** tägl. 8.30–18 Uhr

ⓘ133 [I6] **Punto di Accoglienza Piazza Barberini,** Via di San Basilio 51, Mo.–Do. 9.30–12.30 Uhr

Veranstaltungs- und Kartenservice

•134 [K4] **Il Sogno,** Viale Regina Margherita 192, Tel. 06 85301758, www.romeguide.it. Karten für Konzerte und Veranstaltungen.

•135 [J6] **ORBIS,** Piazza Esedra 53, www.orbistickets.it, geöffnet Mo.–Fr. 10–16 Uhr

Fahrplanauskünfte

› Auf der Website der römischen **Verkehrsbetriebe** ATAC findet sich ein Routenplaner für alle Verbindungen mit Bus, Straßenbahn oder Metro (www.atac.roma.it).

› **Zugverbindungen** in Italien: www.fsitaliane.it

Rom im Internet

- **www.enit-italia.de.** Offizielle deutschsprachige Website des staatlichen italienischen Fremdenverkehrsamts, Infos über ganz Italien, einschließlich Rom.
- **www.comune.roma.it.** Offizielle Website der Stadtgemeinde Rom, Informationen zu den Sehenswürdigkeiten.
- **www.pilgerzentrum.de.** Unterstützt bei der Planung von Wallfahrten und Papstaudienzen.
- **www.ticketone.it.** Für viele Sehenswürdigkeiten ist eine Voranmeldung obligatorisch, die auch über das Internet vorgenommen werden kann.
- **www.likealocalguide.com.** Auf dieser Website kann man Einheimischen konkrete Fragen zu Restaurants, Treffpunkten oder Einkaufsmöglichkeiten stellen.
- **www.ciao-roma.de.** Die deutsch-italienische Bloggerin Silvia Cavallucci präsentiert hier eine breite Auswahl an Tipps und persönlichen Erlebnissen in der Ewigen Stadt.
- **www.vatican.va.** Offizielle Website des Vatikan.
- **www.catacombe.roma.it.** Informationen zu den römischen Katakomben.
- **www.comune.roma.it.** Offizielle Internetpräsenz der Stadt Rom mit vie-

Meine Literaturtipps

- Carlo Emilio Gadda: **Die grässliche Bescherung in der Via Merulana.** Serie Piper, München. Der 1957 erstmals erschienene Roman beschreibt den Versuch der Aufklärung eines Mordes im Rom der 1920er-Jahre. Der Versuch scheitert, bietet dem Autor aber die Gelegenheit, mit den fast unendlichen Möglichkeiten, die sich bei der Tätersuche ergeben, sein Spiel zu treiben und wirft so ein Schlaglicht auf die soziale Schichtung der italienischen Gesellschaft während des frühen Faschismus.
- Johann Wolfgang von Goethe: **Italienische Reise.** Frankfurt (Insel-Ausgabe). Die Reise eines Literaten nach Rom, der die Klassik verehrte und alles aus der Renaissance und dem Barock Stammende verachtete.
- Marie Luise Kaschnitz: **Engelsbrücke, Römische Betrachtungen.** München (dtv-Ausgabe). Sammlung sehr einfühlsamer Erzählungen über das Leben in Rom.
- Pier Paolo Pasolini: **Ragazzi di Vita.** Berlin. Das erst 1990 in Deutschland zum ersten Mal erschienene Buch des Kommunisten, Filmemachers und Literaten beschreibt in seiner sehr rauen Sprache das Leben in den Elendsvierteln Roms, den Borgate, in den 1950er-Jahren.
- Hanns-Josef Ortheil: **Rom. Eine Ekstase.** Insel Verlag. Der frühere Stipendiat der römischen Villa Massimo führt den Leser an seine Lieblingsplätze in Rom, teilt seine Lieblingsrestaurants und verrät auch das eine oder andere Rezept. Als Stadtführer eher ungeeignet, ist das Buch aber genau die richtige Lektüre für eine Vertiefung der Reiseerlebnisse.
- Alberto Moravia: **Die Römerin.** btb Taschenbuch. Empfehlenswerte Reiselektüre für Romreisende. Moravia schrieb das Buch über eine römische Prostituierte während des Zweiten Weltkriegs. Wer sich Rom zu Fuß erschließt, wird einige Schauplätze des Romans wiederentdecken: die Gegend um Innenministerium und Hauptbahnhof und das Gebiet um den Vatikan.

333ro Abb.: nw

len Informationen zu den wichtigsten Sehenswürdigkeiten.

- **www.romeguide.it.** Englisch- und deutschsprachige Website mit allen Informationen zur Ewigen Stadt von Erotik bis Vatikan.
- **www.beniculturali.it.** Alle dem Staat unterstehenden Kulturgüter fallen unter die Aufsicht des mächtigen Ministero per i beni e le attività culturali. Diese Behörde verfügt über eine gute Internetseite, auf der viele Sehenswürdigkeiten virtuell besichtigt werden können.
- **www.oggiroma.it.** Hier erhält man eine gute Übersicht über Veranstaltungen, Konzerte und Ausstellungen in Rom.

Publikationen und Medien

- Ein wirklich guter **Stadtplan** *(mappa di Roma)* kann an jedem Zeitungskiosk erworben werden. Empfehlenswert ist etwa der handliche Taschenplan „Tutta Roma" von Editrice Lozzi für 10 €, der Rom bis in den kleinsten Winkel hinein geografisch erschließt.
- Die in der italienischen Hauptstadt erscheinende **Tageszeitung Il Messaggero** verfügt über einen umfangreichen Lokalteil mit einem Servicebereich. Er beinhaltet beispielsweise die aktuellsten Kneipen in Rom oder Öffnungszeiten der Nachtapotheken und Tankstellen.
- Sehr zu empfehlen ist auch der Lokalteil der linksliberalen und auflagenstärksten italienischen **Tageszeitung La Reppubblica.** Dieser informiert ebenfalls umfangreich über das Nachtleben, die Restaurants sowie aktuelle Livekonzerte in Rom.
- Die einzige in Rom erscheinende **deutschsprachige Zeitung** ist die „Prawda des Papstes", der **Osservatore Romano,** der in vielen Sprachen herausgegeben wird.

⊡ *Was gibt's Neues?*

Internet

Die meisten Hotels, Cafés und Restaurants stellen ihren Kunden **kostenloses WLAN** *(rete senza fili)* zur Verfügung. Die Stadt Rom bietet aber auch ein Netz von kostenlosen Hotspots an. Erforderlich ist hierfür allerdings eine kostenfreie Registrierung:

- www.digitromawifi.it

LGBT+

Die römische Bevölkerung steht dem Thema LGBT+ größtenteils offener gegenüber als die italienische Politik. Ein Anti-Homophobie-Gesetz wurde nach Protesten des Vatikans und der rechten Parteien 2021 im Senat abgelehnt.

In Rom finden sich zahlreiche Lokale, Kneipen, Bars und Clubs, die sich gezielt an Schwule, Lesben und Transgender richten oder in denen sich ein tolerantes, alternatives Publikum zusammenfindet.

Informationsstellen

•136 [F12] **ArciLesbica Roma,** Via Nicola Zabaglia 14, Tel. 06 64501102. Informationen und Veranstaltungstipps für Lesben in Rom.

•137 **Circolo Mario Mieli,** Via Efeso 2a, Tel. 06 5413985, www.mariomieli.net. Interessensvertretung schwuler Männer in Rom.

Clubs und Bars

138 [F12] **Alibi,** Via Monte Testaccio 40, Fr.-So. 22.30-4 Uhr, Eintritt 13 € (mit einem Getränk). Das Alibi ist in den Monte Testaccio, den Scherbenberg des alten Rom, hineingebaut. Durch in die Wände eingelassene Glasscheiben sieht man, dass die Diskothek wirklich nur auf Scherben gebaut ist. Jeden Samstag verwandelt sich das Alibi in einen Schwulentreffpunkt.

139 [I9] **Coming Out,** Via San Giovanni in Laterano 8, Tel. 06 7009871, geöffnet: 7-2 Uhr, www.comingout.it. Alteingesessene Schwulenbar in der Nähe des Kolosseums.

140 [E9] **Freni e Frizioni,** Via del Politeama 4, geöffnet tägl. 18.30-2 Uhr. Schöne Cocktailbar, schwulenfreundlich, zum Drink gibt es ein Buffet mit kleinen Häppchen. Nicht gerade billig, aber schön an einem Altstadtplatz in Trastevere gelegen.

141 **Frutta e verdura,** Via di Santa Passera 27, Tel. 3472446721, geöffnet: sonntags und an Feiertagen ab 4.30 Uhr. Gut frequentierter After-Hour-Club.

› In der Diskothek **Qube** (s. S. 94) feiern jeden Freitag ab 22.30 Uhr die Römer eine der verrücktesten Partys der Stadt unter dem Namen **Muccassassina** (www.muccassassina.com). Auf drei Stockwerken finden Misswahlen mit Dragqueens, Theaterveranstaltungen und alle möglichen Events statt. Schrill und schräg!

Medizinische Versorgung

Die Karte der eigenen Krankenkasse ist gleichzeitig eine Europäische Krankenversicherungskarte, die auch eine Behandlung in Italien ermöglicht. Es wird zusätzlich zum Abschluss einer **Auslandsreisekrankenversicherung** geraten.

Eine Erste-Hilfe-Behandlung *(pronto soccorso)* ist kostenlos. Die Krankenhäuser und Notdienststellen machen vielleicht nicht immer den besten Eindruck, trotzdem können Besucher den Ärzten vertrauen.

In **Notfällen** sollte man zuerst die Notaufnahme der öffentlichen Krankenhäuser aufsuchen oder die Nummern 112 oder 118 anrufen.

Krankenhäuser

142 **European Hospital,** Via Portuense 700, Tel. 06 65975

143 [D7] **Ospedale Pediatrico del Bambino Gesù (Kinderkrankenhaus),** Vicolo di San Onofrio 4, Tel. 06 68 59 2351

144 **Policlinico A. Gemelli,** Unfallstation, Largo Gemelli 8, Via Pineta Sacchetti, Tel. 06 30154036/7

Deutschsprachige Ärzte

145 [K9] **Dr. Dagmar Rinnenburger Spisanti,** Via Buonarotti 7, Tel. 06 77207573

146 [C7] **Dr. Tobias Wallbrecher,** Via Domenico Silveri 30, Tel. 06 6380569

Eine detaillierte und regelmäßig aktualisierte Liste mit vielen deutschsprachigen Ärzten in Italien findet sich auf der Website des Auswärtigen Amts (https://italien.diplo.de).

Ständig geöffnete Apotheken

- ✚147 [H6] **Farmacia Internazionale,** Piazza Barberini 49 (Altstadt)
- ✚148 [I7] **Farmacia Piram,** Via Nazionale 228 (zwischen Bahnhof und Kolosseum)
- ✚149 [F9] **Farmacia San Agata,** Piazza Sonnino 47 (Trastevere)

Mit Kindern unterwegs

Auch in Rom ist die Geburtenrate rückläufig. Immer mehr Paare verzichten ganz auf Nachwuchs oder begnügen sich mit einem Kind. Trotzdem rufen Kinder aber bei den meisten Römern herzliche Gefühle hervor. Ohne Schwierigkeiten können Romreisende ihre kleinen Begleiter überallhin mitnehmen.

Vor allem für Kinder unter zehn Jahren ist Rom eine Stadt, die zum großen Teil aus nichtssagenden Ruinen besteht. Meiden sollte man auf jeden Fall die weitläufigen Vatikanischen Museen, die für Kinder unerträglich langweilig sind und für die Erwachsene sich Zeit nehmen sollten. Auch Kirchenbesuche sind bei den meisten Kindern unbeliebt.

Wer seinen Kindern im Teenageralter schon vor der Reise nach Rom die Geschichte von der Wölfin und den Zwillingen Romulus und Remus erzählt oder von den schaurigen Gladiatorenkämpfen und den mächtigen Kaisern berichtet, wird es später leichter haben, auch längere Besichtigungstouren mit den Kindern zu unternehmen.

› **Bioparco.** In dem Zoo im Park der Villa Borghese 22 gibt es Elefanten, Tiger und Affen zu bestaunen, eingehegt in eine wunderschöne Parkanlage mit einem Teich und Spazierwegen. Geöffnet: 1.1. bis 29.3. 9.30–17 Uhr, 30.3.–27.10. 9.30–18 Uhr, 28.10.–31.12. 9.30–17 Uhr, letzter Einlass eine Stunde vor Schließung, Eintritt 17 €, Kinder bis 12 Jahre 14 €. Kinder die kleiner als einen

⊡ *Kinder sind in Rom fast überall willkommen*

714ro Abb.: © ArTo, stock.adobe.com

Meter groß sind, zahlen keinen Eintritt, www.bioparco.it. Anfahrt mit der Metro A bis Haltestelle Barberini, dann zu Fuß über die Via Veneto bis zur Aurelianischen Mauer.

- •150 **Luna Park,** Via Tre Fontane, geöffnet: (ganzjährig) Mi.–Mo. 17–24 Uhr, Metrolinie B bis EUR Fermi. In EUR gibt es einen Vergnügungspark (Luna Park) mit Achterbahn, Riesenrad und Karussells.
- 151 [G4] **Puppentheater San Carlino,** Viale dei Bambini / Viale Valadier, www.sancarlino.it. Vorstellungen Sa. ab 16.30, So. ab 11.30 Uhr, Eintritt ca. 12 € je nach Länge des Stücks. Sehr zu empfehlen ist das Puppentheater auf der Terrasse des Pincio [G4] in der Nähe der Villa Borghese. Hier werden nicht nur die klassischen italienischen Kinderstücke geboten (Pinocchio, Pulcinella, Arlecchino), sondern auch Musicals für Kinder und Puppenopern. Das Ganze ist sehr italienisch und laut, aber ein tolles Erlebnis, auch wenn man kein Italienisch spricht.
- › Auch in Rom kann es **regnen.** Einen Ausweg aus der Langeweile bietet das Kinderhaus im Park der **Villa Borghese** 22. Hier können Kinder am Nachmittag basteln oder in einem großen Raum toben. Piazza di Siena, Mo. Ruhetag, Eintritt pro Kind 3 €, www.casinadiraffaello.it.

Notfälle

Notruf

In Italien gilt die gebührenfreie **Notrufnummer 113.**

- › **Kindernotruf:** 114
- › **ACI** (Italienischer Automobilclub), Notruf: 116
- › **Polizei** *(Polizia di stato):* 113
- › **Ärztlicher Notdienst:** 118
- › **Feuerwehr:** 115

Sperrnotruf

Bei **Verlust der Debit/Giro-, Kredit- oder SIM-Karte** gibt es für Kartensperrungen eine **deutsche Zentralnummer** (unbedingt vor der Reise klären, ob die eigene Bank bzw. der jeweilige Mobilfunkanbieter diesem Notrufsystem angeschlossen ist). **Aber Achtung:** Mit der telefonischen Sperrung sind die Bezahlkarten zwar für die Bezahlung/Geldabhebung mit der PIN gesperrt, nicht jedoch für das **Lastschriftverfahren mit Unterschrift.** Man sollte daher auf jeden Fall den Verlust zusätzlich **bei der Polizei zur Anzeige bringen,** um gegebenenfalls auftretende Ansprüche zurückweisen zu können.

In **Österreich** und der **Schweiz** gibt es keine zentrale Sperrnummer, daher sollten sich Besitzer von in diesen Ländern ausgestellten Debit- oder Kreditkarten vor der Abreise bei ihrem Kreditinstitut über den zuständigen Sperrnotruf informieren.

Generell sollte man sich immer die **wichtigsten Daten** wie Kartennummer und Ausstellungsdatum **separat notieren,** da diese unter Umständen abgefragt werden.

- › **Deutscher Sperrnotruf:** Tel. +49 116116 oder Tel. +49 3040504050
- › **Weitere Infos:** www.kartensicherheit.de, www.sperr-notruf.de

Polizeidienststellen

- 152 [M5] **Polizei Porta Pia,** Via Forli 26, Tel. 06 4417131
- 153 **Polizei Porta Maggiore,** Via G. De Agostini 50, Tel. 06 2785991
- 154 [E3] **Polizei Stadtteil Prati** (Nähe Vatikan), Via Ruffini 1, Tel. 06 328071
- 155 [F10] **Polizei Stadtteil Trastevere,** Via San Francesco a Ripa 64, Tel. 06 5839141

Diebstahl

Wenn man bestohlen wurde, sollte man zur nächsten Polizeistation gehen, um den Fall anzuzeigen. Das ist wichtig für Ansprüche gegenüber Versicherungen (z. B. Reisegepäckversicherung). Ansonsten dient die Anzeige lediglich der Statistik, da die römische Polizei mit den zahllosen Diebstählen hoffnungslos überfordert ist. Wer bestohlen wurde und eine Anzeige machen möchte, wendet sich am besten an die *Polizia di Stato* oder die *Carabinieri*, die für solche Fälle zuständig sind.

› **Polizeinotruf:** 113
› **Fundbüro** *(Ufficio oggetti rivenuti)*, Circonvallazione Ostiense 191, Tel. 06 67693214

Öffnungszeiten

Feste Ladenöffnungszeiten gibt es in Italien nicht. Die meisten Geschäfte haben im Winter vormittags von 9 bis 13 Uhr und nachmittags von 15.30 bis 19.30 Uhr geöffnet, im Sommer von 16 bis 20 Uhr. Im Stadtzentrum gibt es viele Geschäfte, die auf die traditionelle **Mittagspause** verzichten und durchgehend geöffnet haben. Die meisten Läden haben sonntags geschlossen, es findet sich jedoch immer wieder ein geöffneter Supermarkt. In aller Regel sind die Geschäfte am Montagnachmittag geschlossen, aber auch hier gibt es Ausnahmen.

Im **Winter** haben die Lebensmittelgeschäfte am Donnerstagnachmittag geschlossen, im Sommer am Samstagnachmittag. Früher wurde Rom in den **Sommermonaten** Juli und August „die Verlassene" genannt, weil die Einheimischen die Stadt wegen der unerträglichen Hitze fluchtartig verließen. Natürlich waren dann auch die meisten Geschäfte geschlossen. Heute hat sich die Situation etwas beruhigt, viele Römer verbringen den Sommer mittlerweile auch gerne in der Stadt. Um den 15. August herum ist aber auf jeden Fall vieles in der Stadt geschlossen.

Post

Die roten **Briefkästen** haben einen Schlitz für Stadtpost *(per la città)* und einen für andere Orte *(tutte le altre destinazioni)*. Sämtliche **Postfilialen** sind von Montag bis Freitag von 8 bis 19 Uhr geöffnet, am Samstag schließen sie schon um 13 Uhr.

✉**156** [G6] **Hauptpost (ufficio postale),** Piazza San Silvestro 18–20, www.poste.it
✉**157** [F8] **Postfiliale,** Via Arenula 4

Briefmarken *(francobolli)* erhält man auch in Tabakläden und Bars, die außen mit einem weißen „T" auf schwarzem Grund gekennzeichnet sind. Postkarten und Briefe kosten derzeit 1,20 € innerhalb Italiens und 1,25 € für das europäische Ausland (www.poste.it/prodotti/postamail-internazionale.html).

Die Post bietet auch den **Schnellservice** *Postapriority Internazionale* an, der teurer, aber deutlich schneller als der manchmal langwierige normale Briefweg ist (3,50 €).

Außerdem gibt es in Rom noch die **Vatikanische Post.** Das Postamt auf dem Petersplatz gibt eigene Briefmarken heraus und befördert Briefpost deutlich schneller ins Ausland als die italienische Post auf dem normalen Briefweg.

Radfahren

Verschiedene Geschäfte vermieten Fahrräder und Motorroller. Man sollte aber wissen, dass es aufgrund des **starken Verkehrs** nicht ungefährlich ist, Rom auf dem Zweirad zu erkunden, und sich auf Touren in der verkehrsberuhigten Innenstadt oder durch den Park der Villa Borghese beschränken.

Am Wochenende wird ein Großteil des Gebiets rund um die **Via Appia** für den Autoverkehr gesperrt. Hier ist es dann besonders schön, mit dem Drahtesel unterwegs zu sein.

Fahrrad- und Mopedverleih

› Mittlerweile vermietet auch die Stadt Rom Fahrräder. In den **Touristinformationsstellen (PIT) der Comune di Roma** (s. S. 124), die überall in der Stadt zu finden sind, können Interessierte gegen eine Kaution von 30 € eine Karte erhalten, mit der sie die Fahrräder benutzen können.

•**158** [J7] **Bici e Baci,** Via del Viminale 5 (Metrostation Termini), Tel. 06 4828443, geöffnet: 8–19 Uhr, www.bicibaci.com. Ein Fahrrad kostet 12,50 € am Tag, Mopeds ab 32 €. Sehr beliebt sind auch die geführten Touren auf der Vespa (ab 120 €), mit dem E-Bike (ab 30 €) oder einem Fiat 500.

•**159** [E9] **Rome for you,** Via di San Callisto 9 (Trastevere), Tel. 06 45433789, www.romeforyou.net, Citybike 13 € für einen, 22 € für zwei Tage, Vespas im Vintagelook 40 € für einen halben Tag

334ro Abb.: nw

An zentralen Stellen stehen Leihräder bereit

Sicherheit

Am häufigsten taucht in der römischen Kriminalstatistik der **Taschendiebstahl** auf. Meistens haben es die Diebe auf Touristen abgesehen. Lassen Sie Ihre Tasche nie aus den Händen und tragen Sie sie immer auf der von der Straße abgewandten Seite, damit ein vorbeischießender Motorradfahrer sie Ihnen nicht entreißen kann. Der Geldbeutel gehört in die innere Jackentasche.

Gerne werden auch **Autos aufgebrochen,** daher sollte man nichts sichtbar im Auto liegen lassen. Am besten öffnet man das Handschuhfach, damit man sieht, dass es hier nichts zu holen gibt.

Eine persönliche Bedrohung habe ich in Rom noch nicht erlebt. Die Straße ist dort ein **lebendiger, öffentlicher Raum,** der einen Überfall, wie er in einer dunklen Ecke einer deutschen Großstadt theoretisch passieren kann, von vornherein verhindert.

Dies gilt allerdings nicht für die **Randgebiete** Roms, die sogenannten Borgate, und für die Gegend um den Hauptbahnhof. Aufpassen sollte man auch auf die kleinen **Kinder**, die vor allem an den Touristenschwerpunkten ihr Glück als Taschendiebe versuchen. Auch hier sollte man stets seine Tasche mit festem Griff auf der straßenabgewandten Seite tragen, um Dieben zu entgehen, die ihre Taten auf Motorrollern begehen.

Wegen Terrordrohungen ergreift die Ewige Stadt **Sicherheitsmaßnahmen**, die es in dieser Form noch nie gegeben hat. Polizisten mit Spürhunden laufen fast täglich über den Petersplatz, während in die Torbögen des Kolosseums Absperrgitter eingelassen wurden. Auch die Engelsburg wird ihrer wahren Bestimmung gerecht: Die ehemalige Trutzburg des Papstes wurde in eine Festung verwandelt mit Taschenkontrolle und Metalldetektoren, durch die alle Besucher geschleust werden. Derartige Sicherheitsmaßnahmen gibt es bereits seit Längerem am Eingang der Vatikanischen und Kapitolinischen Museen und des Petersdoms.

Auffällig ist auch der Einsatz des Militärs an den touristischen Hotspots der italienischen Hauptstadt. Meist sind es junge Soldaten, die mit ihren Militärfahrzeugen und Maschinengewehren vor dem Pantheon oder der Fontana di Trevi einen oft mulmigen Eindruck hinterlassen.

Eine Fahrt mit der Pferdedroschke gehört zu den Attraktionen in Rom, die den Geldbeutel ein wenig mehr belasten

Sprache

Nur wenige Römer beherrschen eine Fremdsprache. Am besten kann man sich noch auf Englisch verständigen. Die Einheimischen sind aber seit Jahrhunderten den Umgang mit Fremden gewohnt und entwickeln eine erstaunliche Kreativität, wenn es darum geht, das Gegenüber zu verstehen. Im Anhang dieses Buches findet sich eine „Kleine Sprachhilfe“ mit den wichtigsten italienischen Begriffen und Redewendungen.

Stadttouren

- **City wonders.** Die Onlineagentur bietet Führungen mit gut ausgebildeten Tourguides in deutscher Sprache an. Im Programm befinden sich alle nur erdenklichen Rundgänge durch Rom, auch mehrtägige Touren. Die Reservierung erfolgt online unter https://citywonders.com/rome-tours.
- Eine **Panoramafahrt mit dem offenen Doppeldeckerbus** sollte man sich bei schönem Wetter nicht entgehen lassen. Bei Big Bus Tours (www.bigbustours.com) kann man verschiedene Rundfahrten entlang der bekanntesten Sehenswürdigkeiten buchen (für einen, zwei oder drei Tage), entlang der Route aussteigen und in den nächsten Bus wieder einsteigen oder an einer im Preis enthaltenen Führung teilnehmen. Im Bus gibt es Kopfhörer mit den wichtigsten Informationen. Es empfiehlt sich, gleich das Zwei-Tages-Ticket (ab 30,60 €) zu nehmen, das nur unwesentlich teurer ist als das Tagesticket.
- Wie kann man Rom stilechter erkunden als von einem **Vesparoller** aus? Wer denkt, das sei zu gefährlich, sollte sich auf die erfahrenen Vespapiloten von **Rome by Vespa** verlassen. Eine Tour

dauert 3 Stunden und wird ab 72 € pro Person angeboten (www.romebyvespa.com).

- Ob eine Rundfahrt mit einem Fiat 500, ein Ausflug auf dem E-Bike oder eine Stadtführung für Kinder, die **deutsche Römerin Annett** und ihr Team organisieren Touren ganz nach den Wünschen der Kunden. Die lebenslustige Blondine lebt seit vielen Jahren in Rom und zeigt gerne auch mal die versteckten Schönheiten der Stadt (Tel.: 3347697599, www.deutsche-roemerin.com).
- Jeder, der im Hochsommer die Vierbeiner vor den **Pferdedroschken** in der glutheißen Innenstadt dabei beobachtet, wie sie mühsam die mit Touristen beladenen Kutschen über das rutschige Kopfsteinpflaster ziehen, wird sich gefragt haben, ob das wirklich sein muss. Die römische Stadtverwaltung hat zumindest beschlossen, die Kutschfahrten an den heißen Sommertagen zwischen 11 und 18 Uhr zu verbieten. In einer Kutsche haben zwei Personen Platz, eine Stunde Fahrt kostet 126 €. Die in Rom *botticelle* genannten Gefährte sammeln sich neben der Spanischen Treppe 27.

Illegale Fremdenführer

Vor bedeutenden Sehenswürdigkeiten kann man immer wieder auf selbsternannte „Fremdenführer" treffen, vor denen man sich in Acht nehmen sollte. Meistens handelt es sich um Betrüger, die beispielsweise Eintrittsgelder für den Petersdom kassieren, obwohl dort der Zugang frei ist. Die katholische Nachrichtenagentur I-Media berichtet, dass es sich oft um junge Ausländer aus den USA und Australien handelt, die sich so ihre Reisekasse aufbessern wollen.

039ro Abb.: apt

Telefonieren

Das **Mobiltelefon** lässt sich in der Regel problemlos nutzen, alle Mobilfunkgesellschaften haben Roamingverträge mit italienischen Gesellschaften, sodass sich die Handys automatisch ins Partnernetz einloggen.

Wer nach Italien und innerhalb Italiens telefonieren will, muss beachten, dass **Ortsvorwahlen** immer mit der vorangestellten „0" gewählt werden müssen. Für Rom bedeutet das 0039 (Italien) 06 (Rom). **Vorwahlen** von Italien aus: nach Deutschland 0049, nach Österreich 0043 und in die Schweiz 0041. Die italienischen **Handynummern** fangen immer mit der Ziffer 3 an und haben keine führende Null.

Es gibt in der EU keine Roaminggebühren. Das Telefonieren und Surfen mit dem Handy ist im EU-Ausland so günstig wie zu Hause – es sei denn, man nutzt das Handy im Ausland über einen längeren Zeitraum hinweg, dann können je nach Anbieter Nutzungsobergrenzen gelten.

Toiletten

Zwar sind prinzipiell alle Gaststätten verpflichtet, den Zugang zur Toilette zu gewährleisten, aber wenn man nichts verzehrt, kann es passieren, dass die Frage nach dem „bagno" einfach überhört wird. Übrigens muss man sich meistens den Schlüssel für die Toilette an der Theke holen. Am besten verbindet man den Toilettengang mit dem Genuss eines Espressos.

Es gibt eine **App**, in der alle öffentlichen Toiletten in Rom angegeben sind (s. S. 149).

Trinkwasser

An den 370 Trinkwasserbrunnen, den sogenannten „Nasoni", die überall in Rom zu finden sind, kann das Wasser bedenkenlos getrunken werden. Halten Sie hierzu den Wasserhahn am Ausfluss zu. Oben befindet sich ein Loch, aus dem das Wasser in den Mund strömen kann. Im Hotel oder privaten Unterkünften dagegen sollte man das Leitungswasser meiden.

☒ *Italienischer Landhausstil im Hotel Residenza San Callisto*

Unterkunft

Seit mehreren Jahren gibt es in Rom eine **Touristensteuer** (jeweils pro Nacht). Für Fünfsternehotels werden 7 € Touristensteuer berechnet, bei vier Sternen sind es 6 €, drei Sterne kosten 4 € zusätzlich und Ein- bis Zweisternehotels 3 €. B&B, Pensionen und Ferienwohnungen müssen einen Aufschlag von 3,50 € kassieren und Campingplätze 2 €. Kinder unter 10 Jahren sind ausgenommen.

Alle beschriebenen Übernachtungsmöglichkeiten sind mit kostenfreiem WLAN ausgestattet.

Ruhig und persönlich

160 [B4] **Casa Vacanze da Susy** €€, Via Tomaso Campanella 15, Tel. 06 39743842. **Wohnen zwischen Antiquitäten:** sehr saubere, große Zimmer in der Nähe des Petersdoms, auch für mehrere Personen geeignet.

161 [D8] **Hotel Orsa Maggiore** €, Via San Francesco di Sales 1a, Tel. 06 6893753, www.facebook.com/orsamaggiorehostelroma. **Nur für Frauen:** ruhige Zimmer in einem ehemaligen Kloster aus dem 17. Jahrhundert, das ausschließlich Frauen beherbergt.

162 [F8] **Hotel Pomezia** €-€€, Via dei Chiavari 12, Tel. 06 6861371, www.hotelpomezia.it. **Auf den Ruinen des Pompeiustheaters:** Seit 1925 in Familienbesitz, wird das Haus in zentraler Lage heute von drei Brüdern geleitet.

163 [E9] **Hotel Residenza San Callisto** €, Via dell'Arco di San Callisto 45, Tel. 06 58335103. **Mitten in Trastevere:** Wohnen in einem liebevoll restaurierten Palazzo.

164 [E9] **Hotel Santa Maria** €-€€, Vicolo del Piede 2, Tel. 06 5894626, www.hotelsantamariatrastevere.it. **Frühstücken unter Orangenbäumen:** mitten in Roms Amüsierviertel Trastevere.

713ro Abb.: rsc

165 [F7] **Hotel Teatro Pace** €€, Via del Teatro Pace 33, Tel. 06 6879075, www.hotelteatropace.com. **Frühstücken auf dem Zimmer:** direkt an der Piazza Navona und trotzdem ruhig.

166 [E9] **Villa della Fonte** €€, Via dell' Olio 8, Tel. 06 5803797, www.villafonte.com. **Mitten in Trastevere:** kleines, charmantes Hotel, das nur über 5 Zimmer verfügt. Auf Anfrage bieten die Besitzer auch Appartements im Stadtteil an.

167 [M8] **Villa San Lorenzo Maria Hotel** €€, Via dei Liguri 7, Tel. 06 4469988. **Mitten im Studentenviertel San Lorenzo:** ca. 20 Min. Fußweg vom Hauptbahnhof entfernt. Individuell eingerichtete Zimmer, sehr nettes Personal.

Unterkunftskategorien

Die Preise gelten jeweils für eine Übernachtung im Doppelzimmer.

€	bis 150 €
€€	150–300 €
€€€	ab 300 €

Gut und günstig

168 [C4] **Campanella3** €, Via Tomaso Campanella 3, Tel. 3358420824, www.campanella3.com. **Schöne Zimmer mit Kochgelegenheit:** sauberes B&B in der Nähe des Petersdoms.

169 [D5] **Hotel Arcangelo** €, Via Boezio 15, Tel. 06 6874143, www.hotelarcangeloroma.it. **Hotel mit Blick auf die Kuppel des Petersdoms:** sehr gutes Preis-Leistungs-Verhältnis.Nur zehn Gehminuten vom Petersdom entfernt. Schöne Dachterrasse.

170 [H7] **Hotel Hiberia** €, Via Ventiquattro Maggio 8, www.hotelhiberia.it. **Günstig wohnen im Zentrum:** nicht weit vom Trevibrunnen und der Spanischen Treppe entfernt.

171 [F7] **Primavera** €-€€, Piazza di San Pantaleo 3/4, Tel. 06 6879075, www.hotelprimavera-roma.it. **Zwischen den schönsten „Piazze" Roms:** Sehr zentral gelegenes Hotel, von dem aus viele Sehenswürdigkeiten zu Fuß erreicht werden können. Sehr ruhig.

172 [F8] **Primavera Guest House** €-€€, Vicolo dell'Aquila 22, www.primaveraguesthouse.it. **Am Rande des Campo**

Buchungsportale

Neben Buchungsportalen für **Hotels** (z. B. www.booking.com, www.hrs.de oder www.trivago.de) bzw. für **Hostels** (z. B. www.hostelworld.com) gibt es auch Anbieter, bei denen man **Privatunterkünfte** buchen kann. Portale wie www.airbnb.de, www.wimdu.de oder www.9flats.com vermitteln Wohnungen, Zimmer oder auch nur einen Schlafplatz auf einer Couch. Diese oft recht günstigen Übernachtungsmöglichkeiten sind nicht unumstritten, weil manchmal normale Wohnungen gewerblich missbraucht werden. Einige Städte greifen deshalb regulierend ein.

de'Fiori: Hier befindet sich das Gästehaus des Hotels Primavera. In dem Gebäude aus dem 16. Jahrhundert sind drei Doppelzimmer untergebracht, in die auf Anfrage auch ein drittes Bett gestellt werden kann.

173 The Home in Rome €, Via Ravenna 34, Tel. 06 86328734, http://kosherbbroma.it. **Das einzige koschere Hotel in Rom:** sehr freundliche Besitzer, in einem schönen Wohngebiet in der Nähe der Piazza Bologna gelegen.

Wohlfühlen und genießen

174 [G5] **Hotel Art** €€€, Via Margutta 56, Tel. 06 328711, www.gruppouna.it/esperienze/hotel-art-by-the-spanish-steps. **Schickes Design in der Altstadt:** Römische Hotels sind meist plüschig eingerichtet, hier ist das anders – modern und launig.

175 [J7] **Hotel Raffaello** €€, Via Urbana 3, Tel. 06 4884342, www.hotelraffaello.it. **Knusprige Brötchen, Croissants und vieles mehr zum Frühstück:** unschlagbares Preis-Leistungs-Verhältnis und ein Frühstück, das sich an mitteleuropäischen Standards messen kann. Geräumige, schön eingerichtete Zimmer.

176 [C7] **Residenza Paolo VI** €€, Via Paolo VI 29, Tel. 06 684870, www.residenzapaolovi.com. **Ideal für frisch Verliebte oder Hochzeitsreisende:** Viersternehotel direkt gegenüber dem Petersdom unter deutscher Leitung. Die Zimmer sind etwas klein, dafür aber bereits ab 130 € pro Doppelzimmer zu bekommen.

177 Rome Cavalieri €€€, Via Cadlolo 101, Tel. 06 35091, www.romecavalieri.de. **Der vielleicht schönste Blick auf Rom:** Das Viersternehotel steht mitten im Grünen auf dem Monte Mario etwas außerhalb des Stadtzentrums. Großer Wellnessbereich und eines der schönsten Schwimmbäder in Rom. In der Nebensaison gibt es durchaus bezahlbare Sonderangebote.

Für die ganze Familie

178 [F9] **Casa di San Francesca Romana** €-€€, Via dei Vascellari 61, Tel. 06 5812125. **Wohnen in einem ehemaligen Kloster mitten in Trastevere:** sehr einfach, sauber und preisgünstig. Viele Mehrbettzimmer. Ein Dreibettzimmer ist ab 130 € zu haben.

179 [G5] **Hotel Condotti** €€, Via Mario de Fiori 37, Tel. 06 6794661, www.hotelcondotti.com. **Mit der ganzen Familie mitten in der Stadt wohnen:** Räume für bis zu 6 Personen, nur eine Minute von der Spanischen Treppe entfernt. Familienzimmer für 5 Personen ab 250 €.

Pilgerunterkünfte

Für Pilger oder diejenigen, welche es werden möchten, gibt es noch die **kirchlichen Aufnahmezentren.** Die Preise weichen nur unwesentlich von denen der Pensionen ab. Die Hausordnungen sind natürlich sehr konservativ. So wird beispielsweise meistens erwartet, dass man sich spätestens um Mitternacht wieder in der Unterkunft befindet. Am besten klärt man das schon bei der Reservierung von Deutschland aus.

180 [L3] **Casa di Santa Brigida** €, Piazza Farnese 96 (Eingang Via Monserrato 54), Tel. 06 68892497. **Eine der besten Übernachtungsmöglichkeiten in einem römischen Konvent:** 24 Zimmer mit eigenem Bad. Rechtzeitig buchen!

181 [F6] **Fraterna Domus** €, Via di Monte Brianzo 62, Tel. 06 68802727, www.fraternadomus.it. **Übernachten in einem katholischen Gästehaus:** einfache Zimmer mit Bad, viele Mehrbetträume. In dem von freundlichen Nonnen geführten Haus wird auch ein reichhaltiges Abendessen angeboten. Vierbettzimmer ab 140 €.

Bed and Breakfast

Bei den hohen Hotelpreisen in der römischen Innenstadt ist Bed and Breakfast eine preisgünstige Übernachtungsmöglichkeit. Wer damit heruntergekommene Zimmer in fragwürdigen Stadtvierteln verbindet, wird sich wundern: Mittlerweile gibt es auch schicke Unterkunftsangebote in Villen und Privathäusern – die sind allerdings nicht mehr so günstig.

› www.bbitalia.it

182 [D5] **Fabio e Massimo Guesthouse,** Via Fabio Massimo 88, https://fabiomassimoroma.it. **Im schicken Gründerzeitstadtteil Prati:** Edles B & B, geschmackvoll eingerichtet, nur wenige Schritte vom Vatikan.

Hundefreundliches Hotel

184 [K6] **Hotel des Artistes** €, Via Villafranca 20, Tel. 06 4454365, www.hoteldesartistes.com. Preisgünstig, sauber und sehr gut gelegen, zehn Gehminuten vom Hauptbahnhof entfernt. Freundliches Personal, Hunde kostenlos.

Camping

⚠**185 Camping Seven Hills,** Via Cassia 1216, Tel. 06 30362751. **Mit dem Wohnmobil oder Zelt vor den Toren Roms übernachten:** Die schöne Anlage verfügt über einen großen Pool und zwei gute, aber etwas teure Restaurants. In die römische Innenstadt dauert es mit dem Bus ungefähr 35 Minuten. Es werden auch preisgünstige Bungalows, Holzhütten und kleine Appartements angeboten, von denen man allerdings nicht zu viel Komfort erwarten sollte.

⚠**186 Camping Village,** Via Aurelia 831, Tel. 06 94803918, www.aureliaclub.com. **Für Familien gut geeigneter Campingplatz:** Angeboten werden auch kleine Bungalows und Holzhütten. Die Anlage verfügt zudem über einen regelmäßigen, kostenfreien Shuttle-Service nach Rom, ein Schwimmbad und einen großen Kinderspielplatz.

Verhaltenstipps

In allen Kirchen und religiösen Sehenswürdigkeiten Roms wird **angemessene Kleidung** erwartet. Bei Männern bedeutet das, keine kurzen Hosen zu tragen, bei Frauen, dass die Schultern bedeckt sind und die Röcke unter dem Knie enden.

In ganz Italien geht die Regierung neuerdings gegen die Auswüchse des Massentourismus vor. **Verboten** ist das **Baden in den römischen Brunnen** und auf der **Spanische Treppe** 27 darf man sich nicht mehr niederlassen. Wer es trotzdem tut, zahlt 400 € Strafe. Das **Spazierengehen mit nacktem Oberkörper** wird mit 50 € geahndet und auch die sogenannten Pub-Crawls (Kneipenrundgänge in größeren Gruppen) sind verboten.

Verkehrsmittel

Für Buslinien, U-Bahn und Straßenbahn ist in Rom das Unternehmen **ATAC** zuständig. Alle Verbindungen in die Umgebung liegen in der Hand von **COTRAL**.

› www.atac.roma.it, Tel. 800431784
› www.cotralspa.it, Tel. 06 57031

Tickets gibt es an Automaten und in den Tabak- und Zeitungsläden, wo sie aber oft ausverkauft sind. Tipp: Der Kiosk vor der Metrostation Colosseo [I9] hat meist noch welche. Empfehlenswert ist auch die **App** TicketAppy (kostenlos für Android und iOS), mithilfe derer man alle Tickets für den Nahverkehr online kaufen kann. Folgende Tickets werden angeboten (Entwertung in den Verkehrsmitteln):

› **BIT** *(Biglietto Integrato a Tempo):* 1,50 €, 100 Minuten lang gültig, Umstieg und Fahrt in Gegenrichtung erlaubt, gilt für alle Busse, Straßenbahnen und Metrolinien.
› **Roma 24H:** 7 €, Tageskarte für alle Verkehrsmittel. Sie ist bis zum Betriebsschluss des Tages, an dem das Ticket zum ersten Mal entwertet wurde, gültig.
› **CIS** *(Carta Integrata Settimanale):* 24 €. Wochenticket, gültig ab dem Tag der Entwertung und sechs weitere Tage (bis 24 Uhr am siebten Tag).
› **BTI** *(Biglietto Turistico Integrato):* 18 €, 3-Tage-Ticket für alle Verkehrsmittel
› **Kinder** bis einschließlich 10 Jahre fahren übrigens umsonst mit dem öffentlichen Nahverkehr (Ausweis mitbringen).

Metro

In Rom gibt es drei Metrolinien, von denen aber nur die Linien A und B für Touristen interessant sind. **Linie A** verbindet Cinecittà im Südosten Roms über die Piazza di Spagna und die Vatikanischen Museen mit dem Nordwesten (Battistini). **Linie B** verkehrt von der Vorstadt EUR über Kolosseum und Hauptbahnhof bis in den Nordosten (Rebibbia). Beide kreuzen sich am Hauptbahnhof.

Die **Linie C**, die übrigens vollautomatisch fährt, verbindet die Wohngebiete im Osten der Stadt (Pigneto, San Lorenzo, Centocelle u. a.) mit der Station San Giovanni. Eigentlich soll die Linie bis zum Kolosseum fahren. Da bei den Bauarbeiten aber immer wieder Überreste des alten Rom zum Vorschein kommen, werden oft Baustopps verhängt. Das Gebiet zwischen Piazza Venezia und Kolosseum wird noch mindestens bis 2024 eine große Baustelle bleiben.

Die U-Bahn fährt im Acht-Minuten-Takt von 5.30 bis 23.30 Uhr (Sa. 5.30–0.30 Uhr). Mit einer Fahrkarte können Sie immer nur in eine Richtung fahren.

Zu erkennen sind die Stationen an einem weißen M auf rotem Grund. Dort sind auch Fahrkartenautomaten aufgestellt. Meiden Sie möglichst die Hauptverkehrszeiten, denn alle Metrolinien sind dann hoffnungslos überfüllt.

Übrigens: Rauchen ist auf den Bahnhöfen untersagt!

› www.atac.roma.it

Bus

Die Busse Roms sind nach wie vor das am häufigsten genutzte Verkehrsmittel der Stadt und deswegen auch **chronisch überfüllt.** Einen Bus betritt man durch die hintere Tür *(salita)* und verlässt ihn durch die mittlere Tür *(uscita).* Im Bus müssen Sie Ihren Fahrschein an einem Automaten entwerten.

604ro Abb.: nw

Zum Beispiel für einen Ausflug in die Vorstadt EUR eignet sich die Metro bestens

Die **wichtigsten Buslinien:**

- **23** San Paolo – Ostiense – Piazza Risorgimento (Vatikanische Museen)
- **40** Termini – Petersdom
- **62** Pizza Bologna – Piazza Barberini – Piazza Venezia – Petersdom
- **64** Termini – Piazza Venezia – Corso Vittorio Emanuele II – Petersdom
- **75** Termini – Forum Romanum – Kolosseum
- **81** Kolosseum – Petersdom
- **119** Piazza Venezia – Piazza del Popolo (Elektrobus)

Straßenbahn

Nach der Verdrängung der Straßenbahn *(tram)* aus der italienischen Hauptstadt in den 1960er- und 1970er-Jahren sind nur noch sechs Linien übrig geblieben.

Auch für die *tram* gilt der Fahrpreis von 1,50 €, Tickets sind an den üblichen Verkaufsstellen zu erwerben. Eine der schönsten **Stadtrundfahrten** kann man mit der **Linie 3** unternehmen. Sie fährt vom Circo Massimo vorbei an Palatin (3) und Kolosseum (4) bis ins Studentenviertel San Lorenzo. Die **Linie 8** verkehrt zwischen dem quirligen Stadtteil Trastevere und der Piazza Venezia. Die Niederflurwagen dieser Straßenbahn sind für Rollstuhlfahrer geeignet.

Taxi

Die Preise der römischen Taxen entsprechen ungefähr denen deutscher Großstädte. Die Grundgebühr beträgt 3 € (Sonn- und Feiertage 4,50 €, 22–6 Uhr 6,50 €). Für jeden gefahrenen Kilometer kommen dann noch 1,10 € hinzu. Für eine durchschnittliche Stadtfahrt (etwa vom Palatin bis zum Bahnhof) muss man daher insgesamt mit 8–10 € rechnen. Wer sich bis außerhalb der Autobahnumgehung Roms *(Raccordo Annulare)* fahren lässt, muss die Rückfahrt des Taxifahrers zum *Raccordo* mitbezahlen.

Dringend abzuraten ist von den vielen **Schwarztaxen**, die in Rom verkehren. Ein offizielles Taxi in Rom ist immer weiß, hat ein Taxischild auf dem Dach, eine Plakette mit der Aufschrift „Comune di Roma" und eine sichtbare Lizenznummer.

Es ist leider recht schwierig, am frühen Morgen ein Taxi zu bekommen. Das ist wichtig für viele Reisende, die mit einer Billigfluglinie auf dem Flughafen Ciampino ankommen, weil dort die Flüge meist sehr früh starten.

Wer vom Hotel zum Flughafen möchte, kann in seinem Hotel meist einen Shuttleservice bestellen, der nicht mehr kostet als ein Taxi.

Die größten **Taxihalteplätze** in der Stadtmitte Roms sind an der Piazza della Repubblica, an der Piazza Venezia und am Largo Argentinia zu finden.

Am bequemsten bestellt man ein Taxi mit der **App** Chiama Taxi 060609 (kostenlos für Android) bzw. Chiama Taxi Utente (kostenlos für iOS).

Auch das Unternehmen **Uber** bietet in Rom seine Dienste an. Günstiger ist man damit allerdings meist auch nicht unterwegs.

Wetter und Reisezeit

In Rom herrscht ein gemäßigt warmes Klima. Selbst im **Winter** fallen die Temperaturen fast nie unter den Gefrierpunkt. Im **Frühjahr** und **Spätherbst** können Gewitter zu sintflutartigen Überschwemmungen der Straßen führen. Im **Juli** und **August** ist das Klima in der Stadt unerträglich: Die Römer fliehen in dieser Zeit aus der Metropole ans Meer, um sich Abkühlung zu verschaffen. Dies hat natürlich den Vorteil, dass die Stadt wie ausgestorben ist. Leider haben in dieser Zeit aber auch viele Geschäfte in Rom geschlossen.

Die Römer selbst lieben die sogenannten „ottobrate romane", die meist warmen Oktobertage, die für die Römer eine Verlängerung des Sommers bedeuten. Das Licht ist im Oktober am kontrastreichsten, ganz anders als an den heißen Sommertagen. Der **Oktober** ist eigentlich der ideale Monat für eine Romreise, allerdings wissen das die meisten Touristen auch, deswegen ist es dann gnadenlos voll in der Ewigen Stadt.

Mein **bevorzugter Reisezeitpunkt** ist der Dezember, da ist es dann zu Hause gerade so richtig kalt geworden, während man in Rom mit etwas Glück auch schon mal einen Tag mit 20 Grad erwischen kann. Zudem halten sich im Dezember nicht so viele Touristen in der Stadt auf.

Durchschnitt	Wetter in Rom											
Maximale Temperatur	11°	13°	15°	19°	23°	28°	30°	30°	26°	22°	16°	13°
Minimale Temperatur	5°	5°	7°	10°	13°	17°	20°	19°	17°	13°	9°	6°
Regentage	6	6	8	8	6	4	2	2	5	6	8	8
	Jan	Febr	März	Apr	Mai	Juni	Juli	Aug	Sept	Okt	Nov	Dez

ANHANG

339ro Abb.: nw

Kleine Sprachhilfe Italienisch

Die Sprachhilfe entstammt den Kauderwelsch-Sprachführern **„Italienisch – Wort für Wort“** und **„Italienisch kulinarisch“** aus dem Reise Know-How Verlag.

Aussprache

Hier sind diejenigen Buchstaben(kombinationen) aufgeführt, deren Aussprache abweichend vom Deutschen ist bzw. sein kann.

ie, ai, eu	Doppellaute werden immer getrennt; ausgesprochen, also „i-e“, „a-i“, „e-u“.
c	wie „k“ vor den Selbstlauten a, o, u; wie „tsch“ in „Matsch“ vor den Selbstlauten e, i
ch	wie „k“
g	wie „g“ vor den Selbstlauten a, o, u; wie „dsch“ in „Dschungel“ vor den Selbstlauten e, i
gh	wie „g“
gli	wie „lj“
gn	wie „nj“ in „Tanja“
h	stumm, wird nicht gesprochen
r	gerolltes Zungenspitzen-r
s	am Wortanfang immer stimmloses „s“ wie in „Bus“; in der Wortmitte zwischen Selbstlauten stimmhaftes „s“ wie in „Rose“
st	spitzes „st“ wie in „Hast“
v	wie „v“ in „Vase“
z	stimmhaftes „ds“ wie in „Rundsaal“

Zahlen

0	*zero*
1	*uno*
2	*due*
3	*tre*
4	*quattro*
5	*cinque*
6	*sei*
7	*sette*
8	*otto*
9	*nove*
10	*dieci*
11	*undici*
12	*dodici*
13	*tredici*
14	*quattordici*
15	*quindici*
16	*sedici*
17	*diciassette*
18	*diciotto*
19	*diciannove*
20	*venti*
21	*ventuno*
22	*ventidue*
23	*ventitré*
24	*ventiquattro*
25	*venticinque*
26	*ventisei*
27	*ventisette*
28	*ventotto*
29	*ventinove*
30	*trenta*
40	*quaranta*
50	*cinquanta*
60	*sessanta*
70	*settanta*
80	*ottanta*
90	*novanta*
100	*cento*
200	*duecento*
300	*trecento*
400	*quattrocento*
500	*cinquecento*
600	*seicento*
700	*settecento*
800	*ottocento*
900	*novecento*
1000	*mille*
2000	*duemila*

Die wichtigsten Richtungsangaben

(a) sinistra	(nach) links
(a) destra	(nach) rechts
diritto	geradeaus
indietro	zurück
vicino	nah
lontano	weit

+++ Die wichtigsten Wörter mit dem Bonus-Audiotrack des Kauderwelsch-

qui, qua	hier	*tornare*	zurückgehen
lì, là	dort	*all'angolo*	an der Ecke
accanto	nebenan	*all'incrocio*	an der Kreuzung
di fronte	gegenüber	*al semaforo*	an der Ampel
davanti	vor, vorne	*in centro*	im Zentrum
svoltare	abbiegen	*fuori città*	außerhalb der Stadt

Die wichtigsten Fragewörter

chi?	wer?	*quando?*	wann?
che (cosa)?	was?	*perchè?*	warum?
come?	wie?	*quanto?*	wie viel?
dove?	wo(hin)?	*quanti/-e?*	wie viele?
di/da dove?	woher?	*quale?*	welche(r)?

Die wichtigsten Zeitangaben

oggi	heute	*a mezzogiorno*	mittags
domani	morgen	*di pomeriggio*	nachmittags
ieri	gestern	*di sera*	abends
adesso, ora	jetzt	*di notte*	nachts
subito	sofort	*lunedì*	Montag
sempre	immer	*martedì*	Dienstag
mai	nie	*mercoledì*	Mittwoch
ancora	schon	*giovedì*	Donnerstag
prima	vorher	*venerdì*	Freitag
dopo	nachher	*sabato*	Samstag
di mattina	morgens	*domenica*	Sonntag

Die wichtigsten Fragen und Bitten

Gibt es ...?	*C'è ...?*
Ich brauche ...	*Ho bisogno di ...*
Ich möchte / Ich will ...	*Vorrei ... / Voglio ...*
Geben Sie mir bitte ...	*Mi dia ..., per favore.*
Wo kann man ... kaufen?	*Dove si può comprare ...?*
Wie viel kostet ...?	*Quanto costa / viene ...?*
Wie viel kostet das?	*Quanto costa?*
Was ist das?	*Che cosa è questo?*
Wo ist / befindet sich ...?	*Dov'è ...?*
Ich möchte nach ... fahren.	*Vorrei andare a ...*
Wie komme ich nach ...?	*Come faccio ad andare a ...?*
Wie viel kostet die Fahrt nach?	*Quanto costa il viaggio per ...?*
Ist das der Zug nach ...?	*È questo il treno per ...?*
Wann fährt der Bus nach ... ab?	*A che ora parte l'autobus per ...?*
Bringen Sie mich bitte zu / nach ... (im Taxi)	*Mi porti a ..., per favore.*

Die wichtigsten Floskeln und Redewendungen

ja – nein	*sì – no*
bitte (um etw. bitten)	*per favore*
Bitteschön! (anbieten)	*Prego!*
(Vielen) Dank!	*Grazie (tanto)!*
Keine Ursache!	*Di niente! / Non c'è di che!*
Guten Morgen / Tag!	*Buongiorno!*
Guten Abend!	*Buona sera!*
Herzlich willkommen!	*Benvenuto!/Benvenuta!*
Wie geht es dir / Ihnen?	*Come stai / sta?*
(Sehr) gut. – Schlecht.	*(Molto) bene. – Male.*
Auf Wiedersehen! (du/Sie)	*Arrivederci! / ArrivederLa!*
Hallo! / Tschüss!	*Ciao!*
Bis später! / Bis morgen!	*A più tardi! / A domani!*
In Ordnung!	*Va bene!, D'accordo!*
Ich weiß (es) nicht.	*Non (lo) so.*
Guten Appetit!	*Buon appetito!*
Zum Wohl!, Prost!	*Salute!, Cin cin!*
Die Rechnung, bitte!	*Il conto, per favore!*
Entschuldige/n Sie!	*Scusa! / Scusi!*
Es tut mir leid!	*Mi dispiace.*
Gestatten!, Darf ich?	*Permesso?*
(Sehr) gern!	*(Molto) volentieri!*
Sag / sagen Sie mir!	*Dimmi! / Mi dica!*
Helfen Sie mir bitte!	*Mi aiuti, per favore!*
Hilfe!	*Aiuto!*

Nichts verstanden? – Weiterlernen!

Ich spreche nicht gut Italienisch.	*Non parlo bene l'italiano.*
Ich möchte Italienisch lernen.	*Vorrei imparare l'italiano.*
Wie bitte?	*Come?*
Was haben Sie gesagt?	*Come ha detto?*
Das habe ich nicht verstanden!	*Non ho capito!*
Sprechen Sie Englisch?	*Parla l'inglese?*
Wie sagt man das auf Italienisch?	*Come si dice in italiano?*
... auf Deutsch	*... in tedesco*
... auf Englisch	*... in inglese*
... auf Französisch	*... in francese*
... auf Niederländisch	*... in olandese*
Wie spricht man dieses Wort aus?	*Come si pronuncia questa parola?*
Wiederholen Sie das bitte!	*Ripeta, per favore!*
Können Sie bitte langsamer sprechen?	*Può parlare più lentamente, per favore?*
Können Sie mir das bitte aufschreiben?	*Me lo può scrivere, per favore?*

Im Restaurant bestellen

Können wir bitte die Speisekarte/ Getränkekarte haben?	*Possiamo avere il menù/la lista delle bevande, per favore?*
Wir möchten bitte bestellen.	*Vorremmo ordinare.*
Was können Sie uns empfehlen?	*Cosa ci consiglia?*
Was ist das Tagesgericht?	*Cos'è il piatto del giorno?*
Was sind die Spezialitäten der Gegend?	*Quali sono le specialità della regione?*
Ich nehme als Vorspeise/ersten Gang/ zweiten Gang ...	*Prendo come antipasto/primo piatto/ secondo piatto ...*
Die Rechnung, bitte.	*Il conto, per favore.*
Stimmt so, danke.	*Va bene così, grazie.*

Die wichtigsten Einkaufsfloskeln

Ich suche ...	*Cerco ...*
Haben Sie ...?	*Ha ...?*
Wo kann ich ... finden?	*Dove posso trovare ...?*
Gibt es hier einen Markt?	*C'è un mercato qui?*
Wo ist der nächste Supermarkt?	*Dov'è il supermercato più vicino?*
Könnten Sie mir bitte helfen?	*Mi potrebbe aiutare, per cortesia?*
Ich hätte gern ...	*Vorrei ...*
Geben Sie mir bitte ...	*Mi dà ..., per favore.*
Wie viel kostet das?	*Quanto costa?*
Wie viel kostet das Kilo?	*Quanto costa al chilo?*
Etwas weniger/mehr, bitte.	*Un po' di meno/più, per favore.*
Danke, das genügt.	*Basta così, grazie.*
Danke, das ist alles.	*Grazie, è tutto.*
Um wie viel Uhr öffnen/schließen Sie?	*A che ora apre/chiude?*

Die wichtigsten Begriffe im Restaurant

menù	Speisekarte	*antipasto*	Vorspeise
primo	erster Gang	*secondo*	zweiter Gang
dessert (m)	Nachspeise	*porzione (w)*	Portion
piatto del giorno	Tagesgericht	*lista delle bevande*	Getränkekarte
piatto	Teller	*tazza*	Tasse
vino	Wein	*birra*	Bier
acqua	Wasser	*pane (m)*	Brot
bottiglia	Flasche	*bicchiere (m)*	Glas
coperto	Gedeck	*posate*	Besteck
forchetta	Gabel	*coltello*	Messer
cucchiaio	Löffel	*minestra*	Suppe
carne (w)	Fleisch	*pesce (m)*	Fisch
frutta	Obst	*verdura*	Gemüse
contorno	Beilage	*insalata*	Salat

Register

Rom mit PC, Smartphone & Co.

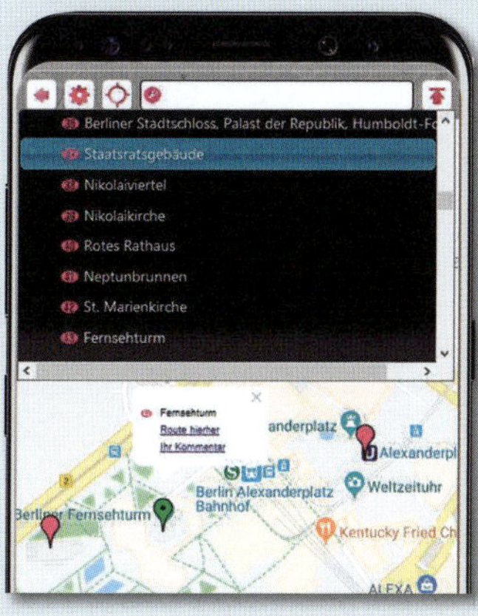

QR-Code auf dem Umschlag scannen oder **www.reise-know-how.de/citytrip/rom23** eingeben und die **kostenlose Web-App** aufrufen (Internetverbindung zur Nutzung nötig)!

★**Anzeige der Lage und Satellitenansicht aller** beschriebenen Sehenswürdigkeiten und touristisch wichtigen Orte

★**Routenführung** vom aktuellen Standort zum gewünschten Ziel

★**Exakter Verlauf** der empfohlenen Stadtspaziergänge

★**Audiotrainer** der wichtigsten Wörter und Redewendungen

★**Updates** nach Redaktionsschluss

GPS-Daten zum Download

Die GPS-Daten aller Ortsmarken und Spaziergänge können hier geladen werden: www.reise-know-how.de, dann das Buch aufrufen und zur Rubrik „Datenservice" scrollen.

Stadtplan für mobile Geräte

Um den Stadtplan auf Smartphones und Tablets nutzen zu können, empfehlen wir die App „Avenza Maps" der Firma Avenza™. Über die Funktion „Store" kann die „Citymap Rome 2023" kostenlos geladen werden.

Unsere App-Empfehlungen zu Rom

› **Vatican Sistine Chapel 4.2** bietet einen interessanten Überblick über die Kunstwerke in der Sixtinischen Kapelle (kostenlos für Android).

› **WC Rome:** Hier findet man ein Verzeichnis aller öffentlichen Toiletten in Rom und deren Öffnungszeiten (kostenlos für Android oder iOS).

› **I Nasoni di Roma:** In dieser App sind alle Trinkwasserbrunnen in Italien, die sogenannten „nasoni", verzeichnet. Über GoogleMaps wird man zum nächsten erreichbaren Brunnen geführt (kostenlos für iOS und Android).

› **Moovit:** Die Fahrplan-App lotst den Besucher sicher durch den öffentlichen Nahverkehr in Rom (kostenlos für Android und iOS).

Liniennetz Rom

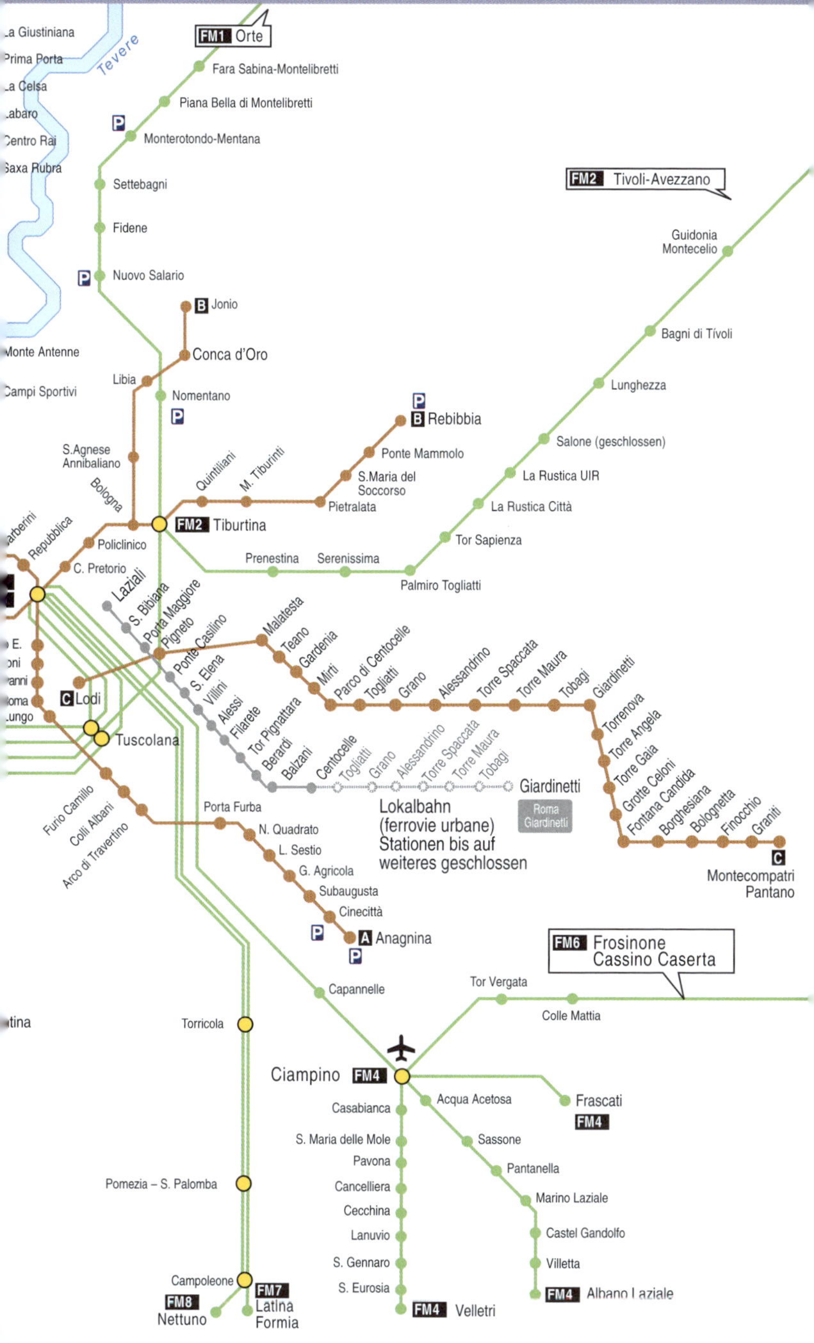

FM1 Orte
Fara Sabina-Montelibretti
Piana Bella di Montelibretti
Monterotondo-Mentana
Settebagni
Fidene
Nuovo Salario
Tevere
La Giustiniana
Prima Porta
La Celsa
Labaro
Centro Rai
Saxa Rubra
Monte Antenne
Campi Sportivi
B Jonio
Conca d'Oro
Libia
Nomentano
S.Agnese Annibaliano
Bologna
B Rebibbia
Ponte Mammolo
S.Maria del Soccorso
Pietralata
Quintiliani
M. Tiburtini
FM2 Tiburtina
Policlinico
Repubblica
C. Pretorio
FM2 Tivoli-Avezzano
Guidonia Montecelio
Bagni di Tívoli
Lunghezza
Salone (geschlossen)
La Rustica UIR
La Rustica Città
Tor Sapienza
Prenestina
Serenissima
Palmiro Togliatti
Laziali
S. Bibiana
Porta Maggiore
Pigneto
Ponte Casilino
S. Elena
Villini
Alessi
Filarete
Tor Pignattara
Berardi
Balzani
Centocelle
Togliatti
Grano
Alessandrino
Torre Spaccata
Torre Maura
Tobagi
Giardinetti
Roma Giardinetti
Lokalbahn (ferrovie urbane) Stationen bis auf weiteres geschlossen
Malatesta
Teano
Gardenia
Mirti
Parco di Centocelle
Togliatti
Grano
Alessandrino
Torre Spaccata
Torre Maura
Tobagi
Giardinetti
Torrenova
Torre Angela
Torre Gaia
Grotte Celoni
Fontana Candida
Borghesiana
Bolognetta
Finocchio
Graniti
C Montecompatri Pantano
C Lodi
Tuscolana
Furio Camillo
Colli Albani
Arco di Travertino
Porta Furba
N. Quadrato
L. Sestio
G. Agricola
Subaugusta
Cinecittà
A Anagnina
FM6 Frosinone Cassino Caserta
Tor Vergata
Colle Mattia
Capannelle
Torricola
Ciampino FM4
Casabianca
S. Maria delle Mole
Pavona
Cancelliera
Cecchina
Lanuvio
S. Gennaro
S. Eurosia
FM4 Velletri
Acqua Acetosa
Frascati FM4
Sassone
Pantanella
Marino Laziale
Castel Gandolfo
Villetta
FM4 Albano Laziale
Pomezia – S. Palomba
Campoleone
FM8 Nettuno
FM7 Latina Formia

Liste der Karteneinträge

Hier nicht aufgeführte Nummern liegen außerhalb der abgebildeten Karten. Ihre Lage kann aber wie die von allen Ortsmarken im Buch mithilfe der Web-App angezeigt werden (s. S. 149).

Zeichenerklärung

- 13 Hauptsehenswürdigkeit
- Bar, Bistro, Treffpunkt
- Café, Eiscafé
- Denkmal
- Galerie
- Geschäft, Kaufhaus, Markt
- Hotel, Unterkunft
- Informationsstelle
- Kirche
- Krankenhaus
- Museum
- Musikszene, Disco
- Parkhaus
- Pension, Bed & Breakfast
- Pizzeria
- Polizei
- Post
- Punkt (allgemein)
- Restaurant
- Sehenswertes
- Synagoge
- Theater, Zirkus
- Vegetarisches Lokal
- Weinstube

- M Metro (U-Bahn)
- Stadtspaziergänge (s. S. 11, S. 15, S. 18 und S. 21)
- Shoppingareale
- Gastro- und Nightlife-Areale

Impressum

Frank Schwarz

CityTrip Rom

© Reise Know-How Verlag
Peter Rump GmbH
9., neu bearbeitete und aktualisierte Auflage 2023

ISBN 978-3-8317-3644-7

Druck und Bindung:
mediaprint solutions GmbH, Paderborn

Herausgeber: Klaus Werner
Layout: amundo media GmbH (Umschlag, Inhalt), Peter Rump (Umschlag)
Lektorat: amundo media GmbH
Karten: Ingenieurbüro B. Spachmüller, amundo media GmbH
Anzeigenvertrieb: KV Kommunalverlag GmbH & Co. KG, Alte Landstraße 23, 85521 Ottobrunn, Tel. 089 928096-0, info@kommunal-verlag.de
Kontakt: Osnabrücker Str. 79, 33649 Bielefeld, info@reise-know-how.de

Alle Angaben in diesem Buch sind gewissenhaft geprüft. Preise, Öffnungszeiten usw. können sich jedoch schnell ändern. Für eventuelle Fehler übernehmen Verlag wie Autor keine Haftung.

Bildnachweis

Umschlagvorderseite: ©Massimo Todaro, stock.adobe.com | Umschlagrückseite: ©Vera, stock.adobe.com
Umschlagklappe rechts: Nadja Werner
Soweit ihre Namen nicht vollständig am Bild vermerkt sind, stehen die Kürzel an den Abbildungen für die folgenden Fotografen, Firmen und Einrichtungen. Frank Schwarz: fs | Jan Gerbach: jg | Nadja Werner: nw | Markus Bingel: mb
APT di Roma (www.romaturismo.it): apt | www.pixelio.de: pix | Residenza San Calisto: rsc | fotolia.com by adobe: fo

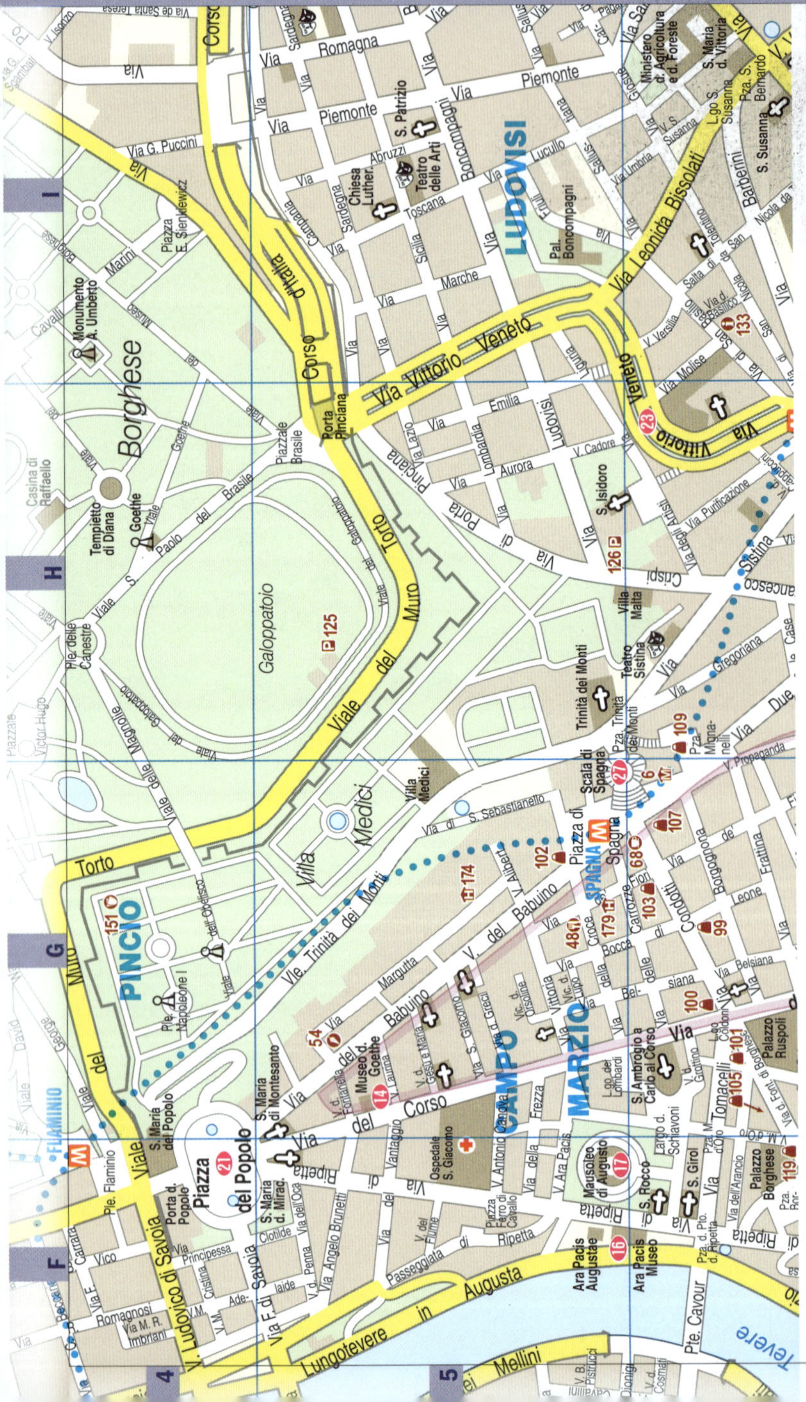
Borghese
Pincio
Ludovisi
Campo Marzio
Galoppatoio
Villa Medici
Casina di Raffaello
Tempietto di Diana
Monumento A. Umberto
Piazza del Popolo
S. Maria del Popolo
S. Maria di Montesanto
S. Maria d. Miracoli
Porta d. Popolo
Ple. Flaminio
Flaminio
Via Vittorio Veneto
Viale del Muro Torto
Corso d'Italia
Porta Pinciana
Piazzale Brasile
Viale del Galoppatoio
Viale delle Magnolie
Viale Paolo del Brasile
Via di Porta Pinciana
Via Leonida Bissolati
Via Piemonte
Via Boncompagni
Via Veneto
Via Ludovisi
Via Sistina
Via Francesco Crispi
Via Gregoriana
Via Due Macelli
Via del Babuino
Via del Corso
Via Ripetta
Via Margutta
Via Vittoria
Via della Croce
Via Bocca di Leone
Via Condotti
Via Frattina
Via Borgognona
Via Tomacelli
Lungotevere in Augusta
Lungotevere Mellini
Via Ludovico di Savoia
Piazza di Spagna
Spagna
Scala di Spagna
Trinità dei Monti
Pza. Trinità dei Monti
Vle. Trinità dei Monti
Via di S. Sebastianello
Villa Malta
Teatro Sistina
Pza. Mignanelli
V. Propaganda
S. Isidoro
Pal. Boncompagni
Chiesa Luther.
Teatro delle Arti
S. Patrizio
S. Maria d. Vittoria
S. Susanna
Pza. S. Bernardo
Ministero d. Agricoltura e d. Foreste
Museo d. Goethe
Ospedale S. Giacomo
Mausoleo di Augusto
Ara Pacis Augustae
Ara Pacis Museo
S. Rocco
S. Girol.
S. Ambrogio a Carlo al Corso
Palazzo Ruspoli
Palazzo Borghese
Pie. Cavour
Tevere
Ple. Napoleone I
Ple. delle Canestre
Piazza E. Sienkiewicz
Pza. d. Pto. d. Ripetta
V. Antonio Canova
Via del Vantaggio
Via Angelo Brunetti
Via della Frezza
Via Belsiana
Largo d. Schiavoni
Lgo. dei Lombardi
F
G
H
I
4
5
21
14
17
16
23
27
6
54
68
99
100
101
102
103
105
107
109
119
125
126
133
151
174
179
48